문제행동 언어재활

행동수정법에 근거한 언어치료

한지연 저

학지사

머리말

처음 '행동수정법' 강의를 시작하면서, 은사님으로부터 건네받은 관련 서적이며 각종 전설 같은 강의 내용과 시험 문제의 독특함은 저로 하여금 충분히 이 강의를 계획하는 데 '가슴 두근거림'을 불러일으켰습니다. 그렇게 언어치료학과 학부생들을 대상으로 시작된 2005년 첫 강의는 '활발함과 생기 있음' 그대로였습니다. 행동수정 원리를 실생활에 적용시키고, 언어치료 현장에 적용시켜야 했기에 팀 프로젝트와 문제해결형 수업 방식으로 강의가 진행되었습니다. 그럼에도 불구하고, 국내에서 사용할 수 있는 언어치료에 적용된 행동수정법 전공서는 매우 제한적이었습니다.

'행동수정법' 그리고 '문제행동 언어재활'이라는 강의명으로 2005년부터 지금까지 해 온 강의를 마침내 『문제행동 언어재활』이라는 책으로 묶어 내어 놓습니다.

이 책은 언어치료를 시작하는 학습자에게 행동수정법에 근거하여 언어치료 대상자의 언어를 관찰하고 기록할 수 있도록 하였습니다. 그리고 행동수정의 기본 원리를 학습한 후 언어치료 주요 영역별 행동수정 기법을 적용한 치료 프로그램을 소개하였습니다. 또한 '문제행동 언어재활' 강의가 대체적으로 1~2학년에 이루어진다는 사실을 고려하여 언어치료의 핵심 내용을 각

장마다 개괄하여 제시하고자 하였습니다.

마지막으로 이 책의 표지 및 각 장 표제지 '그림'으로 손길을 내어 준 강주혜 선생님과 편집과 교정을 맡아 주신 학지사 박선민 선생님, 그리고 최진영 튜터 선생님께 깊이 감사드립니다.

기해년 새해 연구실에서

저자 한지연

차례

1부

언어치료와 행동수정

1장 언어치료와 행동 관찰

학습목차

1. 인간행동에 대한 개관
2. 의사소통 행동 관찰 목적
3. 기본적인 기술과 평가 절차
4. 의사소통장애 진단 관찰

학습목표

1. 인간행동을 정의할 수 있다.
2. 의사소통 행동 관찰 목적을 서술할 수 있다.
3. 의사소통 행동 관찰을 위한 방법을 사용할 수 있다.

신경언어장애, 유창성장애, 음성장애, 언어발달장애 및 조음음운장애로 분류되는 언어치료에서 문제행동은 발음을 제대로 하지 못하는 문제와 목소리가 제대로 잘 나타나지 않는 문제 양상들이 의사소통 문제행동으로 구체화된다. 문제행동을 정의하고 중재하기 위해서는 행동 관찰부터 필요하며 이에 따라 이 장에서는 전반적인 인간의 행동과 이와 관련된 언어치료 전반에 걸친 내용을 살펴보고자 한다.

1. 인간행동에 대한 개관

행동은 측정 · 관찰할 수 있고, 설명하고 기록할 수 있어야 한다. '철수가 화났어요.'라는 표현을 인간 행동으로 구체화면 '철수가 의자를 걷어차는 것으로 봐서 화가 났구나.'라고 할 수 있다.

행동은 서로에게 영향을 주며 이에 따른 규칙이 있다. 언어치료에서의 행동수정에 근거한 치료는 이 규칙에 따라 행동을 관찰하고 진단하며 문제행동을 제거 또는 감소시킨다. 그리고 바람직한 행동이 부족하거나 없다면, 행동 규칙에 따라 방법을 사용해서 바람직한 행동을 형성한다.

S-R에서 S(stimuli)는 통제 자극을 R(response)은 반응을 말한다. 예컨대, 어두운 방에서 불빛을 갑자기 비추게 되면 눈을 깜빡이는 반응이 나타난다. 이를 자극과 반응의 연쇄법칙이라고 한다. 이 S-R은 언어치료 분야에서 광범위하게 적용되는 법칙이다.

반면에 R-R은 아동이 정상발달 시기에 나타나는 평균 반응을 보이지 못하는 행위를 설명해 주는 법칙이다. R-R은 아동의 현재 반응이 그 시기에 나타내는 평균 반응과 어떤 함수 관계가 있다고 본다. 조음장애, 언어발달장애, 음성장애, 유창성장애 및 신경의사소통장애와 같은 장애 영역에서 발달적 측

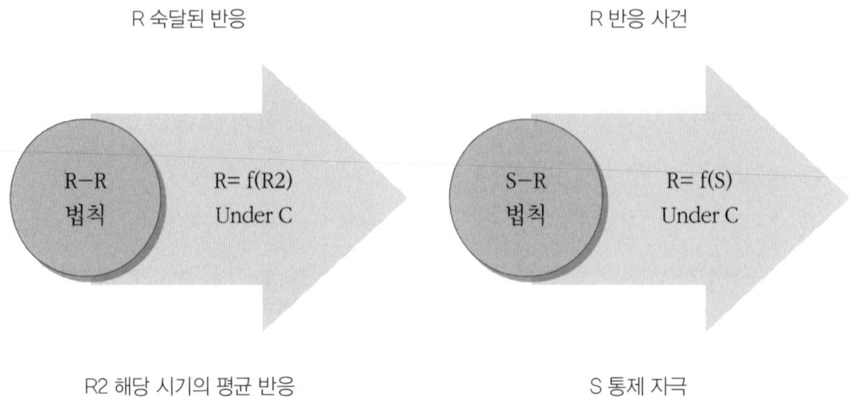

[그림 1-1] R-R과 S-R

면에 따른 검사를 실시하고 이에 따른 중재 목표를 수립하고자 할 때 R−R을 적용한다. 그래서 어떤 평균 반응과 현재 아동이 나타내는 숙달된 반응 시기 간 함수 관계를 나타내는 법칙이 R−R이고, 어떤 조건하에서 자극이 주어지면 그 자극에 대한 반응 사건으로 나타나는 것으로 인간 행동을 파악하는 법칙이 S−R이라고 정리할 수 있다([그림 1−1] 참조).

R−R에 근거하여 평균 연령 시기 조건하에서 반응이 나타나야 하므로 대상 아동의 반응을 함수 관계로 결정할 수 있다. 이 법칙에 따라 언어진단 과정에서 R−R에 근거해서 정상에 비해 발달이 정상적인지 지체(deviant) 또는 지연(delay)인지를 진단한다.

2. 의사소통 행동 관찰 목적

의사소통 행동을 관찰하는 목적은 다음과 같다. 첫째, 의사소통 행동을 예측하기 위해서이다. R−R에 근거해서 언어진단을 하고 아동의 문제가 발달상 자연적으로 나타나는 오류이고 이후 발달적으로 문제가 없다면 언어치료가 요구되지 않는다. 하지만 의사소통 행동을 예측해 보았을 때 언어치료가 제공되지 않으면 오조음이 계속돼서 바로 조음장애로 진행된다면 오조음에 대해서는 치료가 요구된다.

둘째, 의사소통의 문제 원인을 결정하기 위해서이다. 문제행동을 결정하기 위해서는 그 원인을 알아야 한다. 원인을 결정하는 방법에는 의학적 또는 생리학적인 관찰 방법 등이 있다.

셋째, 문제행동의 지속 요인을 결정하기 위해서이다. 문제행동은 단 일회적인 행동을 대상으로 하지 않는다. 이와 같은 행동은 우발적인 어떤 사건이라고 하며, 행동 관찰을 요구하지 않는다. 그러나 한 아이가 '아빠'라고 해야 하는데 '아아'라고 계속해서 발화하면 왜 '아아'라고 발음을 하는지 지속 요인을 결정하기 위해 관찰한다. 또, 말더듬 성인이 친구와 이야기를 할 때는 전혀 말을 더듬지 않지만 직업을 구하기 위한 면접 때마나 말더듬 현상이 나타나는 경우를 보이면, 말더듬 현상을 관찰하기 위해서 단 한 가지 상황인 친구와 이야기를 하는 상황에서만 관찰하는 것은 의미가 없다. 그래서 여러 상황에서 관찰을 실시한다. 아동의 발음도 단순하게 단어 수준에서뿐만 아니라 아동과 엄마와의 놀이 상황, 아동과 친구와의 놀이 상황에서 발음과 언어발달의 여러 측면을 진단하고 그 문제가 어떤 상황에서 지속되는지 시각적인 지속성뿐만 아니라 상황적인 지속성 문제도 관찰한다.

넷째, 의사소통 문제행동에 대한 치료 과정의 효과가 적절한지 여부를 평가하기 위해서이다. 의사소통 문제행동 확인에서부터 치료 행위의 효과를 검증하는 데까지 의사소통 행동에 대한 관찰이 필요하다.

3. 기본적인 기술과 평가 절차

1) 의사소통 문제 기술에 대한 언어재활사의 관찰 영역

언어재활사가 사용하는 기본적인 관찰 영역은 두 가지이다. 첫 번째는 언어문제 또는 언어장애 진단 영역으로 원인이 구조적 · 기질적 요인인지를 관찰하는 것이며, 두 번째는 행동적 · 기능적 요인인지 알아보는 것이다. 구조적 요인은 기질적인 말산출의 해부학 · 생리학적 요인을 기반으로 하므로 관찰 방법은 '입을 벌려 보세요.' '혀끝을 윗치아에 올려보세요.'와 같은 지시를 하고 이에 대한 직접 관찰을 한다. 말산출 기관인 입이나 혀 등의 크기, 모양, 움직임을 언어재활사의 눈으로 관찰하고 기기(instrument)를 사용한다. MRI, PET과 같은 뇌영상촬영기를 사용해서 언어 대뇌에 있어서 좌반구가 손상되었으니 언어영역에 문제가 있다는 등의 기질적 · 구조적 문제를 살펴보는 방법을 그 예로 볼 수 있다.

행동적 · 기능적 요인을 관찰하는 영역은 의사소통에 사용된 말과 언어 행동 영역으로, 화자와 청자 간 언어가 진행되는 행동적 요인을 관찰한다.

2) 행동서술 기법

① 단순 열거

단순 열거법은, 예를 들어 아동에게 /사과/를 발음하게 하고 /사과/의 정조음 발생 유무를 기록하는 방법이다. '사과' 그림 카드를 5회 제시하였을 때, "아동이 3회 /아과/라고 하였다." 라고 함으로써 아동의 /ㅅ/ 생략이 발생한 횟수를 3회로 서술하는 방법이다.

② 정반응 빈도

정반응 빈도법은 가장 많이 사용하는 기술 절차이다. 예를 들어 아동에게 일정한 그림 카드를 보여 주고 '이게 뭐지?'라고 질문하면, 아동은 '사과, 모자'와 같은 대답을 한다. 그 정반응이 몇 번 발생하였는지를 확인하는 것이 정반응 빈도법이다.

③ 행동의 강도

행동의 강도는 행동을 하는 데 있어 그 행위가 얼마나 큰지를 결정하는 방법이다. 언어치료에서 음성의 크기(loudness) 그리고 비성도(nasality)에 대한 척도법을 예로 볼 수 있다. 예를 들어 목소리가 너무 작은 대상자의 행동 강도를 측정할 경우, 5점 평점 척도(1=매우 작다, 2=작다, 3=보통, 4=크다, 5=매우 크다)로 목소리 크기가 어느 정도인지 관찰하기 위한 방법으로 사용한다.

④ 반응률

반응률은 주어진 시간 내의 반응 수를 세는 방법이다. 예를 들어 고함을 치는 아동의 경우, 오전에 총 10회, 저녁 시간에는 총 5회 나타난 것으로 세며 이와 같은 횟수를 그래프로 제시할 수 있다.

⑤ 행동의 지연시간

의사소통 문제행동 관찰 시 아동의 발음, 언어발달, 문제해결에 관한 여러 인지 능력 등에 관한 검사 영역 및 치료에서 검사 자료를 제시할 때, 혹은 치료에 사용되는 도구 혹은 모델링이 되는 자극의 시작 시점과 대상자의 반응에 이르는 시간은 중요한 의미이다. 자극과 반응 간 시간이 짧으며 빠를수록 정상수준이다.

예를 들어 아동의 의사소통 행동 관찰 시 엄마가 아동에게 딸랑이를 흔들면서 "○○야, 이게 뭐야?"라고 했는데 아동이 반응을 보이지 않고 이후 한참 있다가 아동이 반응을 나타내는 경우, 반응이 일반 아동보다 늦은 이유를 찾아야 한다. 너무 반응 시간이 지연된다면, 행동의 지연시간에 대한 행동 서술에서 자극 시작 시점과 반응 시작 시점이 소요되는 시간을 측정한다.

3) 관찰 오류 감소시키기

언어행동 관찰에 영향을 주는 변인들이 있다. 첫째, 피험자와 관련된 변인으로, 예를 들면 조음 문제가 심각하여 명료도가 아주 낮은 경우 관찰된 조음 문제가 달라질 수 있다. 둘째, 검사자 변인은 검사자가 얼마큼 능숙하며 경험이 있느냐에 따라서 관찰 결과의 차이가 있을 수 있다. 셋째, 도구 변인과 관련된 것으로서 언어 행동을 관찰하고 계측하는 도구가 신뢰도가 높은지, 정확한 계측이 가능한지에 따라 관찰 결과가 달라질 수 있다. 넷째, 관찰자와 대상자, 검사자와 피검사자 간 상호작용의 적절성에 따라 관찰 결과의 차이를 보일 수 있다([그림 1-2] 참조).

관찰 오류를 감소시키기 위한 첫 번째 방법은 단지 관찰자 1인만이 관찰을 하는 것이 아니라 2명 이상이 관찰을 해서 관찰 오류를 감소시키는 것이다. 특히 처음 관찰 훈련을 하는 경우 전문 언어재활사로부터 관찰에 대한 지도를 받고, 관찰 훈련생은 전문가와 관찰 일치율을 높이게 된다.

두 번째 방법은 먼저 큰 행동을 관찰하고 이후 작은 행동을 관찰하는 방법을 통해 관찰 오류를 감소시키는 것이다. 행동에 대한 선행 자극, 목표 행동,

- 피험자 변인
- 검사자 변인
- 도구 변인
- 피험자와 검사자 간 상호작용 변인

[그림 1-2] 조음 검사의 변인

과정의 상호작용, 자극, 후속 자극이 어떻게 진행되는지 큰 행동부터 먼저 관찰을 해 나가는 것이 유익하다.

세 번째 방법은 관찰 오류를 감소시키기 위해서 반드시 그 행동을 서술하는 행동 동사를 사용하는 것이다. 예를 들어, '좋다' '나쁘다' '이해한다'는 부적절하다. '이해한다'라는 것은 관찰이 불가능하므로 계측이 불가능한 서술어가 아니라 '지적한다'와 같은 행동 동사를 사용해서 정확하게 관찰 가능 및 계측 가능한 동사를 사용해야 한다.

네 번째 방법은 행동의 시작 지점과 종결 지점을 명확히 서술하는 것이다. 예를 들어, "기류가 비인두로 나오기 시작하며 말을 더듬으면서 눈 깜박임, 입술 떨림이 나타났다."라고 말더듬 현상을 서술한다. 행동은 반복되며 반복된 행동은 계측이 가능하다. 반복적이지 않은 행동은 변화될 수 없으며, 반복적이지 않은 행동은 단순히 한번 일어난 우연의 사건일 뿐이다.

4. 의사소통장애 진단 관찰

의사소통장애의 진단에 관한 관찰은 생리학적인 원인과 환경적 원인으로 나눠볼 수 있다. 먼저, 생리학적 원인은 말산출 기관의 구조적 혹은 기질적인 원인이라고도 한다. 생리학적 원인으로 인해 의사소통 장애 또는 문제가 나타나는 예로는 실어증, 구개열, 뇌성마비 등이 있다. 이와 같은 생리학적 원인에 따른 의사소통 장애 진단 과정의 관찰 내용은 주로 말산출 기관의 모양이나 크기 등이 포함된다. 또한 구조적인 내용에 관한 기본적인 사항뿐만 아니라 유전적으로 의사소통 장애가 있지 않은지 그리고 지능적인 문제가 있지 않은지와 같은 내용을 관찰한다([그림 1-3] 참조).

다음으로, 환경적 원인은 대상자의 의사소통장애가 어떠한 행동에 대한 자극-반응과 같은 행동 법칙 때문에 나타나는 것인지 관찰하고자 하는 것이다.

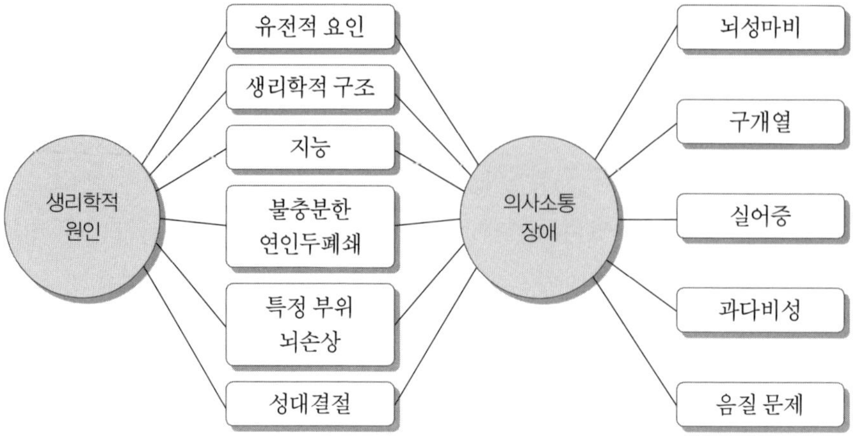

[그림 1-3] 생리학적 원인

예를 들어, 아동이 엄마를 부르는데 항상 "어, 어, 어, 엄마"라고 부르고, 엄마가 "○○야, 너 왜 그래?"라며 화들짝 놀라면서 강화를 한다면, 아동의 '어, 어, 어, 엄마'라는 발화가 말더듬 문제로 인한 것인지, 또는 엄마가 화들짝 놀라기 때문에, 즉 환경적인 원인 때문인지 진단해야 한다([그림 1-4] 참조).

언어발달에 대한 몇몇 이론 중 '행동주의 이론'에 따르면, 엄마가 아동의 옹알이에 대해 끊임없이 반응을 해 주면 이에 따라 지속적인 언어발달 과정이 이루어진다. 그러므로 언어발달지연 혹은 언어발달지체의 문제가 있을 경우, 해당 언어발달이 언어의 자극 또는 강화가 부족해서 나타나는 것인지 관

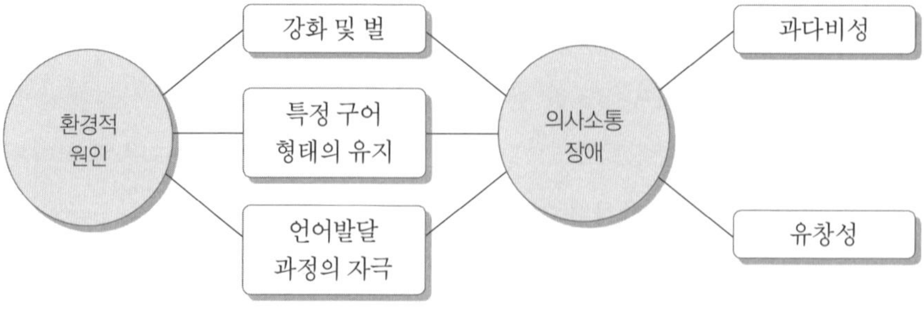

[그림 1-4] 환경적 원인

찰해야 한다.

문제가 되는 의사소통 행동을 관찰하고 진단하기 위한 방법으로는 ① 아동의 보호자 또는 대상자와의 면담 및 보고서 작성을 통한 방법, ② 관련 전문가들로부터 자료 수집을 하는 방법, 그리고 ③ 정상발달 유무와 정상적인 뇌 기능, 정상적인 언어 사용법에 관한 공식적·비공식적인 언어 검사들이 있다.

첫째, 면담 및 보고서는 질문지나 행동 관찰을 통해서 상호작용이 어떻게 이루어지고 있는지, 아동에게 주된 행동 양상이 있고 없는지에 관한 간단한 서술 확인 내용들로 구성된다. 서술 확인 내용을 통해서 의사소통장애 문제행동을 확인하는 방법이다([그림 1-4] 참조).

둘째, 문제행동에 관한 본질을 정확하게 이해하기 위해서는 관련 전문가들로부터의 자료 수집이 필요하다. 특히 언어재활사는 의학 영역과 관련된 관련 의학 전문의, 아동 발달 전문가, 심리적인 영역에 관한 전문가들과의 상호 협력이 필요하다.

셋째, 공식적·비공식적 언어 검사 방법은 언어재활사가 가장 전문성을 많이 발휘해야 하는 부분이다. 언어재활사는 조음음운발달, 언어발달, 유창성과 같은 영역에 있어서 정상 규준치(norms)와의 비교를 통해 의사소통 문제행동 진단에 관한 구체적이고 전문적인 관찰을 실시해야 한다. 공식적·비공식적 언어 검사에서는 정반응이 있고 없음, 반응률 등에 관한 구체적인 서술 방법들을 사용한다. 비공식 검사에서는 간격 척도 방법 0, 1, 2, 3, 4 등을 사용하기도 한다. 또한 진단 과정에서 행동 동사를 사용해서 서술한다.

이와 같은 진단 과정이 끝나면 치료 프로그램을 수립해서 문제행동을 제거하는데, 이 치료 프로그램은 앞서 언급한 행동수정의 SR 법칙에 근거해서 수립한다. 치료 단계에서는 행동수정 절차들이 적용된다. 행동형성법, 벌·강화의 원리를 통한 문제행동의 제거, 바람직한 행동의 형성, 의사소통을 하기 위해서 필요한 단어를 익히고 문장을 만들어 내는 이러한 치료 프로그램은 기본적인 행동주의 절차에 근거해서 만든다.

요약하면, 언어재활에서 의사소통 문제행동을 진단하기 위해서는 관찰이 필요하며, 관찰은 행동법칙에 따라서 관찰하되, 이 법칙에 따라 관찰을 하면서 행동을 서술하기 위해서 서술의 기법을 따른다. 그리고 서술의 오류를 감소시키기 위해서, 즉 신뢰도를 높이기 위해 훈련 절차가 필요하다. 자극-반응-후속 자극에서 강화가 이루어지는지 또는 벌이 이루어지고 있는지에 따라서 행동이 계속 만들어진다. 의사소통 문제행동을 명확히 하기 위해서 어떠한 상황(자극, S)에서 이 문제행동(반응, R)이 나타나는지, 언어발달이 왜 이루어지지 않는지, 문제행동은 왜 유지되는지에 대한 문제를 명확히 하기 위한 서술 방법 및 기법들을 사용한다.

예를 들어, 4세 아동이 /사과/를 /타과/라고 한 발음은 무조건 문제라고는 하지 않는다. 문제행동을 분석하기 위해서는 발달적인 분석 영역이 필요하다. 또한 행동은 일상생활에서 자기를 스스로 얼만큼 모니터링을 하고, 자극이 주어지면 그 자극 강도를 인식하는지, 후속 자극이 주어지면 그 후속 자극에서 식별하는지의 자극 식별 능력 등도 필요하다. 자기 통제 능력을 분석하고, 식별 자극 능력이 부족하다면 식별 자극을 강화시키는 방법을 만들어야 된다. 예를 들어, 실어증 대상자에게 실물 '사과' 사진을 제시하며 "이게 뭐예요?"라고 질문을 한다. 그러나 실물로 제시된 사진의 정보가 사과 모양, 빨간색 등 너무 많기 때문에 이 대상자는 '사과'라는 단어를 추출해 내기 어려울 수 있다. 이와 같은 경우에는 선으로 그려진 그림만을 사용해서 훈련을 하는 등 상황적 분석이 요구된다.

또한 언어치료 대상 여부에 관한 결정에서 사회적 관계 분석도 요구된다. 사회 공동체 내에서의 기준과 개인의 행동 비교 분석으로 언어치료 대상자가 언어문제가 있는지 또는 없는지에 관한 생각, 대상자의 가족, 지역사회 공동체에서 치료가 필요한지 결정하기 위해서는 대상자 본인이 문제가 있다고 느끼거나 그 의사소통을 함께 공유하는 집단 내에서 해당 대상자의 언어에 문제가 있다고 인식한다면 언어치료 대상자가 될 수 있다.

핵심 퀴즈

Q1. 행동에 대하여 자극 시작에서부터 반응 시작에 소요되는 시간을 측정하는 항목은 무엇인가?

① 행동의 지연시간
② 행동의 강도
③ 행동의 반응률
④ 행동의 지속시간

Q2. 인간행동에 대한 내용으로 적절하지 않은 것은 무엇인가?

① 행동은 법칙이 있다.
② 행동에는 관찰할 수 없는 정적 상태도 있다.
③ 통제 자극과 반응 시간에 따른 행동은 S-R 법칙에 따른다.
④ 문제행동은 설명하고 기록할 수 있다.

Q1. ① Q2. ②

2장 언어치료 상호작용 분석

학습목차

1. 언어치료 과정 분석법

학습목표

1. 언어치료 과정 분석법을 사용할 수 있다.

1. 언어치료 과정 분석법

언어치료 과정 분석법은 언어치료 회기 안에서 언어재활사와 언어치료 대상자 간 상호작용이 이루어지는지에 관한 분석을 할 수 있는 유용한 방법이다. Boone과 Prescott(1972)은 임상가의 치료 기술을 평가하기 위한 방법을 제시하였는데, 상호작용을 분석하기 위해서 언어재활사와 치료 대상자의 비구어적 행동을 포함한 발화와 상호작용의 순서화된 행동을 분석 항목으로 하였다. 대상자의 정반응 횟수 증가가 회기의 목표라면 감독자와 수련생은 Boone과 Prescott이 제안한 체계를 사용하여 정반응률과 오반응률을 계산할 수 있고, 치료 목표가 되는 행동 동사를 분명히 할 수 있다. 또한 촉진 또는 단서를 구체화하여 정반응률을 증가시킬 수 있다. 언어재활사와 대상자의 의사소통 과정을 10개 항목으로 분류하는 것으로 언어재활사 영역에 해당하는 항목 5가지, 언어치료 대상자 항목 5개로 구분된다(〈표 2-1〉 참조).

언어치료 과정 중 언어재활사가 "오늘은 /ㄴ/를 어떻게 발음하는지 배워 보도록 할게요." 또는 "이제 우리 다트 놀이를 하면서 연습을 해 봅시다." 등과 같이 언어치료 과정 중 하는 말이 있다. 이와 같은 표현을 언어재활사에 해당하는 1번 설명 · 기술로 분류할 수 있다. 1번 항목인 '설명 · 기술'은 대상자가 무엇을 해야 하는 특정 목표나 과정을 설명하는 것으로 응답을 요구하지 않는다.

2번 항목 '모델 · 교수'는 언어재활사가 아동에게 "/ㅅ/해 보세요." "혀를 내밀어 보세요." "휴지를 불어 보세요." "/어제 놀았습니다/ 이렇게 말해 보세요."와 같이 바로 목표와 관련된 과제를 수행하도록 요구하거나 모델을 제시하는 경우에 해당한다.

언어재활사가 아동에게 "/ㄴ/ 해 보자."라고 한 뒤, 아동이 /ㄴ/라고 정반응한다. 그러면 언어재활사가 "잘했어."라고 하였다면 정적 강화를 했다고 분석

〈표 2-1〉 Boone-Prescott 10분류 체계의 정의 및 예시

언어재활사 항목	
1. 설명 · 기술	언어치료의 목표 또는 절차를 대상자에게 설명함 예: 이제 이 놀이로 /ㅅ/ 말하기 연습해 볼거야
2. 모델 · 교수	모델을 제시하거나 또는 목표에 해당하는 구체적인 행동을 대상자에게 요구함 예: /ㅅ/해 보세요
3. 정적 강화	정적 피드백을 제공함 예: 잘 했어
4. 부적 강화	부적 피드백을 제공함 예: 틀렸어
5. 교수 외 행동	언어치료 목표와 상관없는 말 또는 행동
대상자 항목	
6. 정반응	대상자의 목표에 대한 정반응
7. 오반응	대상자의 목표에 대한 오반응
8. 부적합한 행동	대상자의 치료회기에 부적절한 반응으로, 언어치료 목표와 상관없는 말 또는 행동 예: 아침에 형이랑 싸웠어요
9. 긍정적 자기 평가	대상자가 자신의 정반응에 대해 인식함 예: 내가 맞았죠?
10. 부정적 자기 평가	대상자가 자신의 오반응에 대해 인식함 예: 내가 틀린 것 같아요

출처: Boone & Prescott (1972). pp. 58-62.

할 수 있다. 그리고 아동이 틀렸을 경우에 "틀렸어." 혹은 "조금 더 해야겠네." 와 같은 표현을 했다면 부적 강화를 한 것이다. 이와 같은 아동의 정반응과 오반응에 대한 언어재활사의 정적 강화를 3번 항목으로, 부적 강화를 4번 항목으로 분류한다.

치료 과정 중 치료와 관련 없는 말을 해야 하는 경우, 대상자가 주의집중이 되지 않을 때, 혹은 아동이 치료와 상관없이 갑자기 다른 말을 시작해서 언어

재활사가 대답해야 하는 경우가 있다. 언어재활사가 언어치료 과정 중 이와 같이 교수 외 행동을 한 것(5번 항목), 즉 언어치료 목표와 전혀 관련 없는 어떤 표현을 한다면 언어재활사에 해당하는 항목 중 '5번 교수 외 행동'으로 분류한다.

6~10번 항목은 언어치료 대상자에 해당하는 항목이다. 대상자의 정반응에 대해서는 6번 정반응, 오반응에 대해서는 7번 오반응으로 분류한다. 다음으로 아동이 부적합한 행동으로 목표와 관련 없는 표현을 하는 경우, 예를 들어 언어재활사가 단어카드를 보여 주면서 "선생님을 따라하세요. /사과/"라고 했는데 "선생님, 나 옷에 뭐가 묻었어요."라고 표현할 경우, 아동이 치료 과정 중 부적합한 행동을 한 8번으로 분류한다.

9번은 긍정적 자기 평가로 대상자 스스로가 잘했다고 표현하는 것으로, 아동이 언어재활사의 요구에 대해 정반응을 한 뒤 "선생님, 나 잘했죠? 내가 말한 게 맞았죠?"와 같은 표현을 한다면 9번으로 분류한다. 다음으로 치료 목표의 행동 동사에 대해 오반응으로 나타내고 스스로도 "나 틀린 거 아니에요?" "저는 그렇게 말할 수 없습니다."라고 표현하면 10번 부정적 자기 평가라고 분류한다.

Boone과 Prescott(1972)의 언어치료 상호작용 분석을 국내 언어치료 회기에 적용시키기 위한 실질적 절차는 한지연(2014)에 적용되어 실시되었다. Boone과 Prescott은 5분 동안의 치료를 분석 자료로 하였으나, 한지연(2014)의 연구에서는 시간 단위보다는 1개의 언어치료 목표에 대하여 분석하는 것으로 하였다. 언어치료 목표를 시간을 단위로 하지 않고 분석 대상 자료 길이로 한 것에는 다음과 같은 장점이 있다. 첫째, 언어재활사가 제시하는 단서, 모델 방법을 분석하고자 하는 치료 회기에서 확인이 가능하다. 둘째, 대상자의 목표 언어에 대한 습득 수준(모방, 자발화)에 대한 확인이 가능하다. 셋째, 치료 목표의 기준이 되는 정반응률의 직접적인 확인이 가능하다.

이상의 연구를 바탕으로 한 '언어치료 상호작용 분석' 절차는 다음과 같다.

1) 전사하기

비구어적인 제스처를 비롯한 행동을 포함하여 분석하고자 하는 치료 목표가 시작되는 언어재활사의 발화부터 전사한다. 이때, 발화 구분은 김영태(2014)가 제시한 아동발화 분석에서 사용되는 발화 구분 기준을 따른다.

2) 분류하기

Boone-Prescott의 10분류 체계(〈표 2-1〉 참조)에 따라 모든 발화를 분류하며, 각 발화의 분류에 따라 10분류 체계의 계열 번호를 기입한다. 언어재활사 발화는 설명 · 기술=1, 모델 · 교수=2, 정적 강화=3, 부적 강화=4, 교수 외 행동=5로 대상자 발화는 정반응=6, 오반응=7, 부적합한 행동=8, 긍정적 자기 평가=9, 부정적 자기 평가=10으로 번호를 기입한다.

3) 분석하기

Boone-Prescott 체계에 근거한 언어치료 상호작용 분석지를 사용하여 분석하며, 각 분석 항목은 다음과 같다.

(1) 계열별 발생 횟수와 백분율

언어재활사 항목의 5개 계열과 대상자 항목의 5개 계열에 대한 횟수를 기입하고, 상호작용 전체 횟수에서 각 계열별 횟수에 대한 백분율을 계산한다.

(2) 대상자의 반응률

언어치료 대상자의 정반응(6), 오반응(7), 부적합한 행동(8)에 대한 반응률을 알아보기 위해, 정반응률과 오반응률은 각각 정반응 횟수와 오반응 횟수를 정반응과 오반응의 전체 횟수로 나눈다. 부적합한 행동률은 부적합한 행동 횟수를 정반응, 오반응 그리고 부적합한 행동 횟수의 전체 횟수로 나누어 백분율로 계산한다.

(3) 대상자의 반응에 대한 언어재활사의 연계 반응률

① 정반응에 대한 정적 강화율

대상자의 정반응에 대하여 언어재활사의 정적 강화로 연쇄적으로 이어지면 정반응~정적 강화(6~3)로 분류하고 이에 대한 발생 횟수를 계산한다. 그리고 대상자의 정반응이 발생하였음에도 불구하고 정적 강화로 이어지지 않고 언어재활사의 다른 행동으로 나타나는 경우 정반응~기타 행동(6~기타)로 분류하고 그 발생 횟수를 계산한다. 6~3, 6~기타번호 연쇄 발생 횟수를 정반응 발생 횟수로 나누어서 백분율을 계산한다.

② 오반응에 대한 부적 강화율

대상자의 오반응에 대하여 언어재활사의 부적 강화로 이어지면 오반응~부적 강화(7~4)로 분류하고, 그 외 행동으로 상호작용 할 경우 오반응~기타(7~기타)로 구분한다. 각 백분율은 대상자의 오반응 횟수로 나누어서 계산한다.

③ 부적합한 행동에 대한 직접통제율

치료의 목표와 상관없는 대상자의 행동은 부적합한 행동으로 분류되고, 이에 대한 언어재활사의 행동이 설명/모델로 이어지면 직접통제에 해당하는 것으로 부적합한 행동~직접통제(8~1, 8~2)로 분류한다. 기타 행동 연계의 경우 부적합한 행동~기타(8~기타)로 분류한다. 이에 따른 백분율은 대상자의 부적합한 행동 발생 횟수로 나누어서 계산한다.

핵심 퀴즈

Q1. Boone & Prescott의 언어치료 과정 분석 10분류 체계에 해당하지 않는 것은 무엇인가?

① 정적 평가
② 교수 외 활동
③ 자발화
④ 교수

Q1. ③

부록 1

Boone-Prescott 체계에 근거한 언어치료 상호작용 분석지

1. 언어치료 수련생 성명 : ____________________

2. 언어치료 대상자 정보

언어장애 진단명		성별	
생활연령		언어연령	
표현언어연령		수용언어연령	

3. 분석 자료에 대한 정보

분석일	년 월 일	치료 회기 차수	회기
분석 시간	분 초 ~ 분 초		

4. 치료 목표

____

____

____

____

____

____

5. 계열별 발생 횟수와 백분율

언어재활사			대상자		
계열	횟수	백분율	계열	횟수	백분율
1. 설명·기술		$\frac{\text{설명·기술(1) 횟수}}{\text{전체 횟수}} \times 100$	6. 정반응		$\frac{\text{정반응(6) 횟수}}{\text{전체 횟수}} \times 100$
2. 모델·교수		$\frac{\text{모델·교수(2) 횟수}}{\text{전체 횟수}} \times 100$	7. 오반응		$\frac{\text{오반응(7) 횟수}}{\text{전체 횟수}} \times 100$
3. 정적 강화		$\frac{\text{정적 강화(3) 횟수}}{\text{전체 횟수}} \times 100$	8. 부적합한 행동		$\frac{\text{부적합한 행동(8) 횟수}}{\text{전체 횟수}} \times 100$
4. 부적 강화		$\frac{\text{부적 강화(4) 횟수}}{\text{전체 횟수}} \times 100$	9. 긍정적 자기평가		$\frac{\text{긍정적 자기평가(9) 횟수}}{\text{전체 횟수}} \times 100$
5. 교수 외 행동		$\frac{\text{교수 외 행동(5) 횟수}}{\text{전체 횟수}} \times 100$	10. 부정적 자기평가		$\frac{\text{부정적 자기평가(10) 횟수}}{\text{전체 횟수}} \times 100$
언어재활사 전체			대상자 전체		

상호작용 전체 횟수________회

6. 대상자의 반응률

정반응률	$\frac{\text{정반응(6) 횟수}}{\text{정반응(6)+오반응(7) 횟수}} \times 100$
오반응률	$\frac{\text{오반응(7) 횟수}}{\text{정반응(6)+오반응(7) 횟수}} \times 100$
부적합한 행동률	$\frac{\text{부적합한 행동(8) 횟수}}{\text{정반응(6)+오반응(7)+부적합한 행동(8) 횟수}} \times 100$

7. 대상자 반응에 대한 언어재활사의 연계 반응률

1) 정반응에 대한 정적 강화율	횟수	백분율
정반응~정적 강화(6~3)		$\frac{\text{정반응~정적 강화(6~3) 횟수}}{\text{정반응(6) 횟수}} \times 100$
정반응~기타 행동(6~기타 번호)		$\frac{\text{정반응~기타 행동(6~기타 번호) 횟수}}{\text{정반응(6) 횟수}} \times 100$

2) 오반응에 대한 부적 강화율	횟수	백분율
오반응~부적 강화(7~4)		$\frac{\text{오반응~부적 강화(7~4) 횟수}}{\text{오반응(7) 횟수}} \times 100$
오반응~기타 행동(7~기타 번호)		$\frac{\text{오반응~기타 행동(7~기타 번호) 횟수}}{\text{오반응(7) 횟수}} \times 100$

3) 부적합한 행동에 대한 직접통제율	횟수	백분율
부적합한 행동~직접통제 (8~1, 또는 8~2)		$\frac{\text{부적합한 행동~설명·기술(8~1)+모델·교수(8~2) 횟수}}{\text{부적합한 행동(8) 횟수}} \times 100$
부적합한 행동~기타 행동 (8~기타 번호)		$\frac{\text{부적합한 행동~기타 행동(8~기타 번호) 횟수}}{\text{부적합한 행동(8) 횟수}} \times 100$

출처: 한지연(2014).

3장 언어치료의 기록과 평가

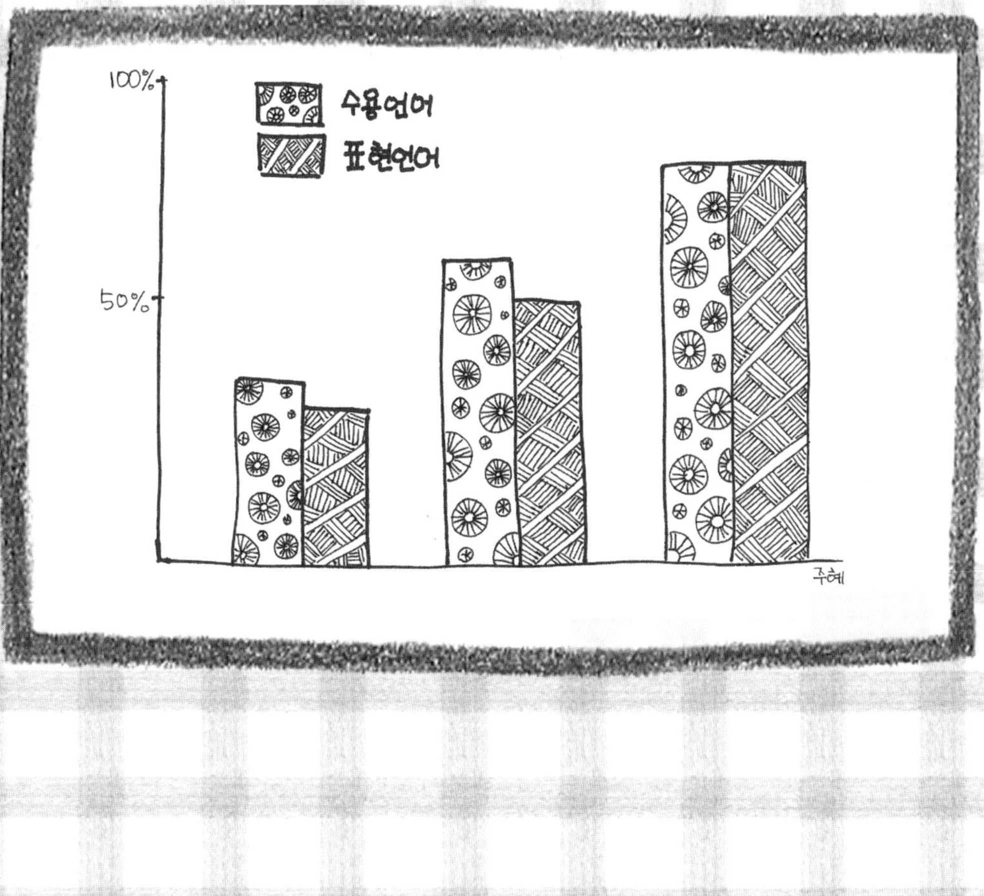

학습목차

1. 기록 절차
2. 기록에 대한 계산
3. 그래프 작성하기

학습목표

1. 언어행동을 기록 절차에 따라 기록할 수 있다.
2. 언어치료 과정의 대상자와 언어재활사 행동에 대하여 평가하고 기록할 수 있다.
3. 기록한 자료를 그래프로 나타낼 수 있다.

1. 기록 절차

무엇을 기록하기 위해서는 표적 행동부터 정해야 한다. 먼저, 언어치료의 목표에서는 표적 행동이 명시되어야 하는데, 무엇을 기록할 것인지 목표 행동을 정한다. 목표 행동은 모호한 형용사와 같은 서술어가 아니라 행동 동사로서 관찰 가능하고 계측 가능한 동사로 표현되어야 한다. 다음으로, 기록 요건은 기록하기 위해 누가, 언제, 어디에서 관찰할지를 정하는 것이다. 그리고 기록법을 결정한다. 언어치료 영역에서 주로 활용되는 기록법에는 시간표집기록법, 간격기록법, 성과기록법, 연속기록법 등이 있다.

첫째, 시간표집기록법은 관찰 기간의 일정한 시간 내에서 비지속적으로 나타나는 행동 발생과 나타나지 않는 행동 발생 등을 기록하는 방법이다.

둘째, 간격기록법은 치료 1~6회기가 있으면 치료 2회기째, 4회기째, 6회기째와 같은 간격을 두고 기록하는 방법이다.

셋째, 성과기록법은 행동 발생에 나타난 결과물을 기록하는 방법을 말한다.

넷째, 연속기록법은 관찰 기간 내 모든 행동 발생에 대해서 무조건 기록하는 방법으로서 관찰해야 하는 대상자의 문제 행동이 대체적으로 명확해지지 않을 때 많이 사용한다. 연속기록법을 사용할 경우에는 보호자든, 언어재활사든 대상자의 의사소통에 문제가 있음은 알지만 그 문제가 확연하게 나타나지 않을 때 연속기록법을 사용할 수밖에 없다.

기록을 할 때에는 기본적으로 종이와 연필과 같은 기록 수단이 요구된다. 또한 반응 횟수를 세어야 할 경우에 계수기가 필요하다. 그리고 일정 시간 "5분 동안 말더듬이 발생했다." 혹은 "10분 정도 이 아동이 계속 고함지르기를 했다."와 같은 시간 내 발생을 기록하기 위해서는 스톱워치도 필요하다.

2. 기록에 대한 계산

1) 백분율

기본적인 절차에서 어떠한 표적, 즉 기록을 하고자 하는 목적 대상을 정하고 어떠한 방법을 사용해서 기록을 할 것인지, 어떠한 장소, 그리고 누가 기록을 할 것인지 구체적으로 결정한다. 기록 방법으로 간단한 서술법 등등의 방법을 사용하는데, 가장 많이 사용하는 방법을 예로 들어 적용하면 다음과 같다. '사과' 그림 카드를 보여 주며 /사과/라고 몇 회 정조음을 하는지 살펴보자.

첫 번째 회기에서 아동이 28회 정조음, 5회 오조음을 하였고, 두 번째 회기에서는 68회 정조음, 18회 오조음을 하였다. 반응 횟수만 사용하면 첫 번째 회기에서 정반응 28회, 두 번째 정반응 68회로, 두 번째 회기에서 정반응을 더 많이 했다. 그러나 오반응 횟수를 보게 되면 단순히 정반응 수만 확인하면 문제가 있다는 것을 알 수 있다. 그래서 일반적으로 백분율을 적용한다. 전체 총 반응 수에서 정반응률과 오반응률을 구할 수 있다([그림 3-1] 참조). 이 예시의 경우, 첫 번째 회기에서 정반응 28회, 오반응 5회로 총 반응 횟수는 33회이다. 이 33회 중에서 정반응률은 85%로 계산된다. 두 번째 회기에서는 정반응 68회, 오반응 18회로 총 반응 횟수는 86회이고 정반응률은 79%이다. 따라서 첫 번째 회기의 정반응률이 더 높다고 할 수 있으므로 단순하게 정반응 수치만으로는 기록 결과를 확정할 수 없다.

백분율은 단순하게 수치만을 내는 것이 아니라 정반응과 오반응의 행동 비율을 결정할 수 있으므로 정반응과 오반응에 대한 비교가 가능하다. 백분율의 장점은 단순한 수치 비교와는 달리 정반응과 오반응 행동 비율을 통해서 정반응률이 85%, 오반응률이 15%로 정반응률이 두 번째 회기보다 높다고 결론지을 수 있다. 그러나 백분율의 경우 행동의 정반응과 오반응 간 비율을 통

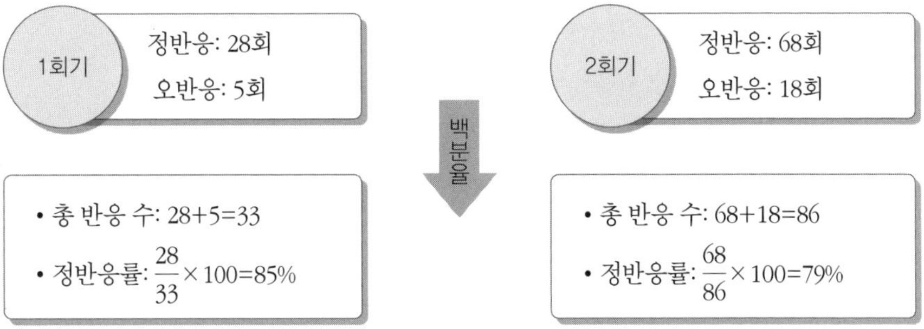

[그림 3-1] 기록에 대한 계산–백분율

해서 정반응률이 높으면 더 형성된 것이라고 얘기할 수 있겠지만 이것에는 전제 조건, 즉 상황이 제시되어야 한다. 예를 들어, 말더듬의 경우, 읽기 과제에서 100% 유창성, 즉 말을 한 번도 더듬지 않은 것으로 나타났다고 할 때를 살펴보자. 이 말더듬 대상자는 말 속도를 아주 느리게 할 경우에는 말더듬이 한 번도 나타나지 않고, 좀 빠르게 읽기를 할 경우 말을 더듬는 횟수가 드러나서 유창성이 70% 이하로 감소할 수 있다. 이와 같이 백분율은 모든 정보를 제공하는 것은 아니므로 반드시 전제 조건과 함께 백분율을 제시해야 한다.

요약하면, 기록에 관한 기본적인 백분율을 반응 수에서 계산할 수 있어야 하며, 백분율이 의미하는 바가 정반응과 오반응 간 비율을 나타내므로 정반응률이 높아지는 것으로 향상된 정도를 나타낼 수 있다. 그러나 항시 정반응률이 높다고 해서 모든 것이 향상된 것은 아니며 그 정반응률 수치가 계산될 때 어떤 발화 조건인지를 확인해야 한다.

2) 반응률

기록 계산을 위해서는 정반응 수뿐만 아니라 오반응 수도 함께 비교를 해서 백분율을 계산해야 한다. 자료 수집을 하는 데 있어서 기록을 하고 결과를 내릴 때는 관찰을 해서 기록을 한 시간과 표집이 신뢰적인지 항상 검토해야 한다. 전체 반응 수와 자료 수집 조건의 크기가 유사하고 신뢰적인 자료가 될 수 있도록 기록 표집을 할 때 유의해야 한다.

예를 들어, 1회기에 언어치료 대상 아동의 주의집중이 좋아 언어재활사가 10회 모방발화를 요구한 상황에서 아동이 10회 모방발화를 하였고, 그 중 정반응 5회, 오반응 5회를 나타내었다. 2번째 회기에서는 치료사가 10회 모방발화를 요구하였으나 아동이 3회만 반응하였고, 이 중 정반응 1회, 오반응 2회를 나타내었다. 이 경우에 1회기와 2회기에서 아동이 반응한 횟수는 각각 10회와 3회로 전체 반응 수의 크기가 차이나므로 정반응률을 계산하는 것은 무의미하다. 또한 3분 동안 정반응을 80회 한 아동 A와 5분 동안 정반응을 40회 한 아동 B가 있을 경우, 정반응 80회, 정반응 40회로 기록해서 데이터를 제시하는 것보다 분당 정반응률로 계산하는 것이 바람직하다. 3분 동안 80회를 정반응한 아동은 분당 26회 이상 반응을 한 것이 계산되며, 5분 동안 40회를 정반응한 아동은 분당 약 8회의 정반응을 한 것으로 계산된다. 이와 같이 반응 시간이 다를 경우에 그 시간을 반응 수로 나누어서 계산을 하면 분당 몇 회 정반응을 했는지를 알 수 있다.

이 경우에 기록은 단순하게 정반응이 나온 횟수와 오반응이 나온 횟수를 셈하고, 그 계산은 백분율과 반응률로 정리할 수 있다. 반응을 한 시간이 다

분당 반응 횟수

- 분당 정반응 수: 8.5
- 분당 오반응 수: 2.3

분당 반응률

- 전체 분당 반응률
  8.5+2.3=10.8%
- 분당 정반응률
  $\frac{8.5}{10.8} \times 100 = 79\%$
- 분당 오반응률
  $\frac{2.3}{10.8} \times 100 = 21\%$

[그림 3-2] 기록에 대한 계산-반응률

를 경우에는 시간을 나누어 분당 혹은 초당 반응 횟수를 계산해서 시간을 동일하게 만들어 기록 결과를 제시하면 된다. 분당 정반응 수, 분당 오반응 수를 시간에 따른 반응 수로 계산할 수 있다. 분당 정반응 수 8.5회, 분당 오반응 수가 2.3회로 반응 수를 계산할 수 있고, 전체 반응률 계산은 분당 정반응 수와 분당 오반응 수를 더하면 전체 반응률이 된다. 즉, 시간적인 조건이 필요한 경우 전체 분당 반응률에서 정반응 수, 오반응 수. 분당 정반응 수, 분당 오반응 수를 나누어 분당 정반응률, 분당 오반응률로 계산하는 방법까지 계산한다([그림 3-2] 참조).

3. 그래프 작성하기

1) 진전기록 그래프

반복되는 행동들이 관찰하는 기간 내 어떠한 변화가 일어나는지를 그래프로 작성한다. 진전기록 그래프는 목표치를 정하고 그 특징의 변화를 표시하는 방법이다. [그림 3-3]의 경우, 가로축은 언어치료 회기를, 세로축은 반응

- 목표에 도달하면 특징적인 표시를 하는 방법
- 효과적인 동기부여로 대상자가 해당 치료 회기에 도달할 목표를 제시할 수 있음

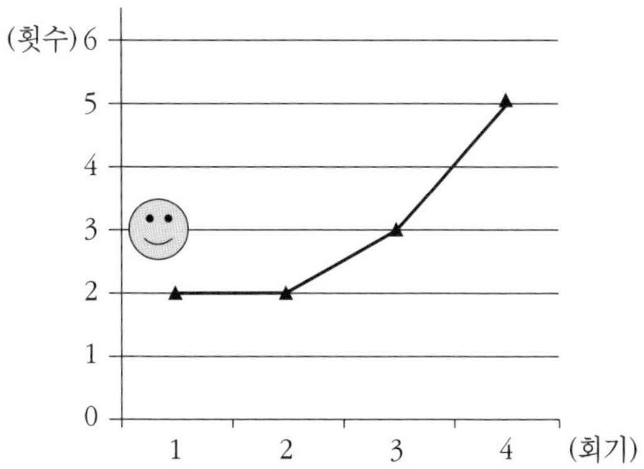

[그림 3-3] 진전기록 그래프

횟수를 보여 준다. /사과/라고 정조음하는 것이 목표 행동이었고, 언어재활사는 매 회기에는 3회 정조음하는 것을 치료 목표로 하였다. 1회기 때 2회 정조음을 하였으며, 이와 같이 진전 그래프로 치료 목표를 제시할 수 있다.

2) 기록 시간

회기별 혹은 일자별로도 기록할 수 있다([그림 3-4] 참조). 일반적으로 언어재활사는 회기별 기록 방법을 사용한다. 그래프의 가로축은 회기를, 세로축은 매 회기마다 언어치료 대상 아동이 반응하는 반응 횟수 혹은 반응률로 제시한다. 또 다른 방법으로 매일 기록을 해야 하는 대상자들이 있을 수 있다. 치료 초기에 대상자에 대해서 면밀하게 연속적으로 관찰해서 하는 단계에서는 일자별 그래프를 작성하는 것이 행동 자료를 분석하는 데 용이하다. 특히 무발화 아동이나 언어가 제한적으로 사용된 아동의 경우에는 연속적인 시간 표집 기록법이 중요하다.

- 회기별 기록: 치료 회기 동안의 그래프. 3~4회/주, 치료가 없을 때의 효과를 알 수 없음
- 일자별 기록: 매일 기록하는 그래프. 시간에 따른 전체적인 발달 정도를 알 수 있으며, 행동 자료를 분석하는 데 더 선호되는 형태

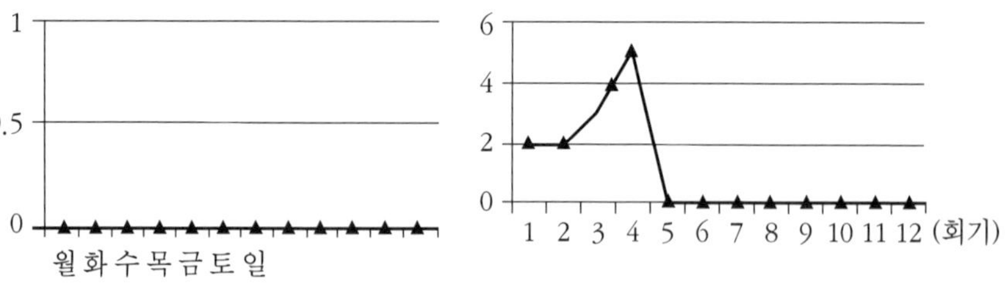

[그림 3-4] 일자별 기록과 회기별 기록

3) 백분율 그래프

백분율 그래프는 정반응률과 오반응률 각각의 그래프로 나타낼 수도 있다. 또는 정반응률과 오반응률을 모두 표시하여 상반되는 그래프로 나타낼 수도 있다([그림 3-5] 참조).

- 간단하고 명료함
- 정반응률과 오반응률 모두 나타낼 수 있음
- 대상자의 정반응률에 대한 정보를 기록할 때 유용함

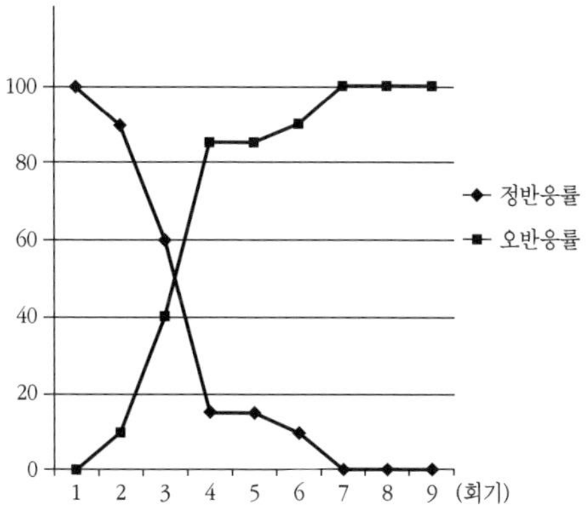

[그림 3-5] 백분율 그래프

핵심 퀴즈

Q1. '빵'을 자발적으로 산출할 때, 5회 /빵/이라고 하였고, 15회 /방/이라고 발음하였다. 이 아동의 정조음률은 몇 %인가?

① 10%
② 15%
③ 20%
④ 25%

Q1. ④

4장 언어치료의 목표 수립

학습목차

1. Mager 접근법
2. McAshan 접근법
3. Snyder 접근법
4. 수립된 목표 평가하기
5. 비구조적 목표 수립하기

학습목표

1. 언어치료 목표를 구조화할 수 있다.
2. 수립된 언어치료 목표를 평가할 수 있다.
3. 비구조적 상황에서 언어치료 목표를 세울 수 있다.

1. Mager 접근법

언어치료 목표 수립 시 Mager 접근법(Mager, 1962)에서는 다음의 세 가지, 즉 ① 행동 동사, ② 조건, 그리고 ③ 기준선을 확인한다([그림 4-1] 참조). 먼저, 행동 동사는 대상자가 무엇을 해야 하는가에 대한 질문에 답을 하는 것으로, 예를 들어 사과를 /아과/라고 발음하는 아동에 대해 언어재활사는 목표 수립 시 "/사과/라고 정조음한다."라고 행동 동사를 설정한다. 다음으로, "/사과/라고 정조음한다."의 행동 동사에 대해 "치료사가 /ㅅ/ 음소적 단서를 제시하면"이라고 제시하는 것은 수행 행동의 조건이 될 수 있다. 끝으로, 수행해야 하는 행동의 기준선은 "아동은 치료사가 /ㅅ/라고 음소적 단서를 제시하면 '10회 중 9회 이상' /사과/라고 정조음 할 수 있다."에서 '10회 중 9회 이상'이 수행 기준선이 된다. Mager 접근법은 다음에서 소개하는 McAshan 접근법이나 Synders 접근법보다 간단명료하며, 현재 가장 많이 사용되는 언어치료 목표 수립 접근 방법이다. Mager 접근법에서의 행동 동사, 조건 및 기준선 설정을 자세히 살펴보면 다음과 같다.

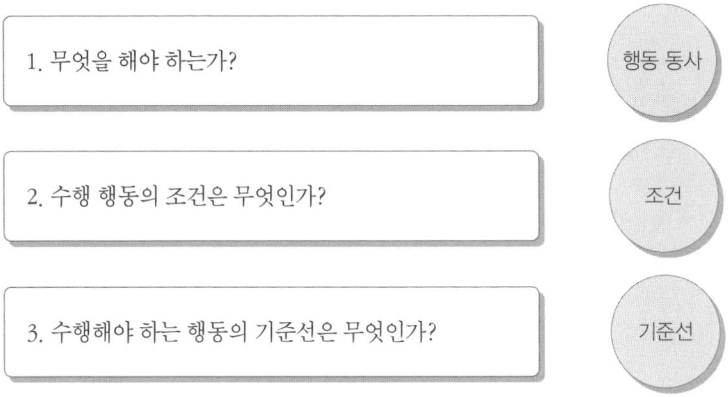

[그림 4-1] Mager 접근법

1) 행동 동사

행동 동사는 관찰 가능해야 하고 계량화할 수 있어야 한다([그림 4-2] 참조). 다음의 예시 중 계량화할 수 있는 것과 없는 것을 구분해 보자. ① 치조돌기 뒤에 혀끝을 댄다. ② 유쾌한 음질에 집중한다. ③ 깊게 숨을 쉰다. ④ '난로' 그림을 구별한다. ⑤ 활동에 관심을 보인다. ⑥ '아' 발성을 한다. 계량화할 수 있다는 것은 행동 동사로 목표 수립을 하는 데 적합하다는 것이며, 계량화할 수 없다는 것은 적절한 서술어가 되지 못한다. 이 예시들 중 ②와 ⑤는 계량화할 수 없으므로 언어치료 목표로 사용할 수 없다.

언어치료의 목표 수립은 언어치료 대상자가 해야 할 행동으로 서술하는 것이다. 그러므로 행동 동사의 술어는 언어재활사가 해야 할 행동이 아니라 언어치료 대상자가 해야 할 행동을 서술하는 것이다. 훈련받지 못한 초보 임상가나 학생 임상가의 경우 자신이 해야 할 행동을 서술하는 경우가 많다. 예를 들어, "철수에게 10개의 그림 카드를 제시한다."는 계량화 가능하지만 동사의 주어는 언어재활사이므로 이 목표는 잘못된 서술이다. "치료사가 10개의 카드를 제시하면 철수는 명명한다."라고 수정되어야 한다.

언어재활사가 빈번하게 사용하는 행동 동사는 다음과 같다.

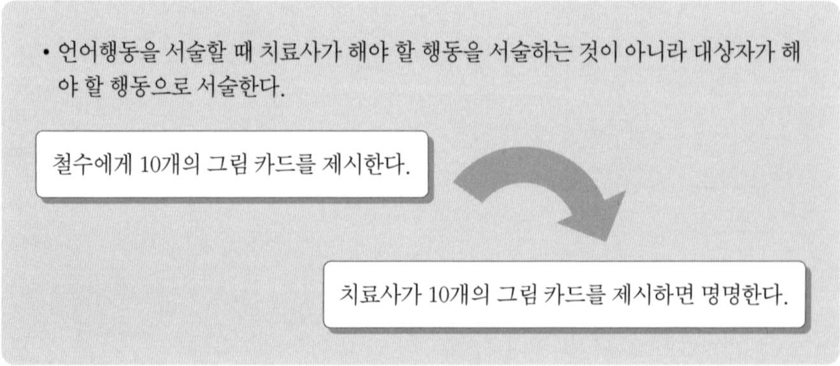

[그림 4-2] 행동 동사

- /ㅅ/ 발음을 한다.
- 유창하게 말한다.
- 주어, 목적어, 동사가 포함된 문장을 말한다.
- 의문문으로 질문한다.
- 소리를 반복한다.
- /ㅏ/ 연장 발성을 한다.

2) 조건

언어치료 목표의 조건은 목표 과제를 수행할 수 있도록 도와주는 것이라고 정의할 수 있다. /아과/라고 발음하는 아동을 /사과/라고 정조음하게 하기 위해서 언어재활사는 /ㅅ/로 음소적 단서를 제시할 수 있고, /사과/라고 전체 모델을 제시할 수도 있다. /사과/ 발음에서 어떤 조건이냐에 따라서 목표 행동은 정반응률이 90%가 될 수도 있고, 혹은 10% 이하로 내려갈 수도 있다. 조건에 따라 결과가 달라진다. 목표 수립에서 조건을 면밀히 세분화시키는 것이 언어치료의 성공률을 높이는 방법이다. 조건 결정 시에는 과제를 수행할 수 있게 도와줄 수 있도록 설정하여야 하는데, 언어치료는 60~80% 이상의 정반응률이 나와야 성공적인 언어치료라고 할 수 있다. 언어치료에서 정반응률이 60% 이하로 나타나는 경우 현 목표의 난이도가 높다는 것이므로 행동 동사나 조건을 조절해야 한다. 행동 동사 자체가 문제일 수 있겠지만, 대체로 언어재활사가 조건 또는 단서를 어떻게 제시하는지에 따라 다르며, 조건을 만드는 방법은 행동형성법과 같은 기본적인 행동 원리를 적용할 수 있다.

3) 기준선

기준선이란 목표를 달성했다고 했을 경우에 참고할 기준을 의미한다. 언어치료에서 종종 사용되는 기준선은 '10번 중 9번 이상' '90% 이상' '5분 안에 80% 이상' '30개 항목에서 90% 일치율' 등이다. 일반적으로 언어치료에서는 100%를 준거 기준으로 설정하지 않는다. 기준선은 최저 60%에서 최고 90%를 일반적으로 사용한다. 5대 언어장애 영역인 조음음운장애, 언어발달장애, 유창성장애, 음성장애, 신경의사소통장애 중 언어치료의 일반화 단계에서 조음음운장애 · 유창성장애 · 음성장애 영역의 경우에는 98% 이상, 100%까지 정반응률을 기준선으로 할 수도 있다.

4) 사례

언어발달장애 아동의 사례로([그림 4-3] 참조), 이 아동을 대상으로 언어재활사는 '밀다'는 개념을 중재하고자 한다. 물건 3개를 미는 것을 보여 주고

사례 언어발달장애 아동

- '밀다' 개념을 이해시키고자 함
  물건 3개를 미는 것을 보여주고 나서 "선생님이 지금 하는 것이 뭐지?"라고 물어보기

분석

- 1. 행동 동사 2. 조건 3. 기준

언어치료 목표

- 언어재활사가 3회 물건 밀기를 보이고 "선생님이 무엇을 했지?" 질문하면
  즉시 "밀다"를 말한다.

행동 동사

- '밀다' 말하기

조건

- 언어재활사가 물체를 민다
- 언어재활사가 밀기를 한 후 "선생님이 무엇을 했지?" 질문하면

기준

- 3회 시범을 본 후 즉시 "밀다" 말하기

[그림 4-3] Mager 접근법 예시-언어발달장애

"지금 선생님이 하는 것이 뭐지?"라고 질문하면, 아동이 '밀다'라고 말하는 것을 목표로 한다. 진단과 관찰을 통해서 언어재활사가 목표를 세우며, 언어치료 목표를 구체적으로 수립한다.

어느 정도 유창하게 읽기가 가능한 말더듬 성인을 대상으로 분당 125개 단어를 말하는 속도로 목표를 설정하고자 한다([그림 4-4] 참조). 이때 3명의 낯선 사람 앞에서 신문 기사를 5분 동안 읽으면서 말더듬은 2% 이상을 넘지 말아야 한다. 이 대상의 언어치료 목표가 되는 행동 동사, 조건, 기준은 어떻게 되는가? 말더듬 성인이 읽기를 해야 하므로 읽기가 행동 동사가 되며, 조건에 해당되는 것은 신문 기사를 읽는 것과 치료사와 3명의 낯선 사람 앞에서 신문 기사를 읽는 것이다. 그리고 기준은 98% 이상 유창하게 말더듬을 2% 이상 넘지 말아야 하므로 98% 이상 유창하게 분당 125개 단어 이상을 읽는 속도가 된다. 속도는 유창성에서 중요한 부분이다. 분당 125개가 아니라 분당 80개 단

사례 말더듬 성인

- 어느 정도 유창하게 읽기가 가능한 말더듬 성인에게 분당 125개 단어를 말하는 속도로 목표를 설정하고자 함 3명의 낯선 사람 앞에서 신문기사를 5분 동안 읽으면서 말더듬은 2% 이상을 넘지 말아야 함

분석

- 1. 행동 동사 2. 조건 3. 기준

언어치료 목표

- 언어재활사와 3명의 낯선 사람 앞에서 5분 동안 분당 125개 단어 이상을 읽는 속도로 신문기사를 98% 이상 유창하게 크게 읽는다.

행동 동사

- 큰 소리로 읽는다.

조건

- 신문기사
- 언어재활사와 3명의 낯선 사람 앞에서

기준

- 단어의 98% 이상을 유창하게
- 분당 125개 단어 이상 말하는 속도

[그림 4-4] Mager 접근법 예시-말더듬

어, 즉 아주 느린 속도로 읽기를 한다면 유창성이 형성되어 말더듬이 나타나지 않는다. 이 사례에서는 말더듬에 관한 이론적인 지식을 갖추고 있어야 목표 수립에 필요한 정확한 조건, 기준선 및 행동 동사를 설정할 수 있다.

음성장애 예시를 보자([그림 4-5] 참조). 음성 남용으로 성대결절이 있는 젊은 여성 환자에게 음성 남용의 네 가지 유형에 대해서 설명해 주고 일주일 동안 매일 음성 남용이 나타날 때마다 기록하게 하며, 일주일 후 자료를 가지고 오게 하였다. 이 사례에 대한 구체적인 언어치료 목표는 무엇인가? 행동 동사는 대상자가 기록하는 것이다. 예를 들어, 아침 식사 후 친구와 대화를 하면서 4회, 저녁에 전화통화를 하면서 친구와 3회 음성 남용을 한 것으로 기록한다. 그리고 음성 남용이 나타나는 5일 동안 기록지에 기록된 점수들이 기준선이 된다.

사례 음성장애

- 음성남용으로 성대결절이 있는 젊은 여성 환자에게 음성남용의 4가지 유형에 대해 설명해 주고 일주일 동안 매일 음성남용이 나타날 때 마다 기록하게 하고 일주일 후 자료를 가지고 오게 함

분석

- 1. 행동 동사 2. 조건 3. 기준

언어치료 목표

- 4가지 유형의 음성남용에 대하여 설명을 해주고 매일 기록지에 기록하게 한다. 대상자는 매일 5일 동안 음성남용을 기록하여 금요일이 되면 언어재활사에게 완성된 기록지를 제시한다.

행동 동사

- 음성남용 시 기록하고 계수한다
- 카드를 제시한다.

조건

- 기록지에 기록함

기준

- 음성남용이 나타나는 5일이 확인되는 금요일 오후에 기록지에 기록된 점수

[그림 4-5] Mager 접근법 예시-음성장애

실어증의 예시를 보자([그림 4-6] 참조). 실어증은 5대 언어장애 영역 중 신경의사소통장애에 해당한다. 치료 대상자는 2개의 그림 중 1개를 선택하여 지적하게 하면 어려움을 나타낸다. 사과와 포도가 있는데 "포도가 어디 있어요?"라는 구두 질문에 대해 손가락으로 지적하는 데 어려움을 보인다. 그래서 대상자에게 2개의 그림 중 1개를 지적하는 훈련을 10분 동안 80% 이상 그림 지적하기를 바르게 수행할 수 있도록 하고자 한다. 치료사는 2개의 그림을 제시하고 1개의 그림 이름을 말하고, 대상자는 그림을 지적해야 한다. 치료사가 '포도'라고 제시했을 때 3초 내에 해당 그림을 지적할 수 있어야 하는 것이 언어치료 목표이다. 최종적으로 이 사례에서 행동 동사는 '그림을 지적하는 것'이며, 조건은 치료사가 구어로 명명하는 것이 되고, 기준선은 3초 내 반응하는 것이다. 그리고 10분 동안, 언어치료 하는 동안 80% 이상 정반응을 보여

사례

- 두 개 그림 중 한 개를 골라 지적하도록 하면 어려움을 나타냄
- 10동안의 치료훈련 동안 80% 이상 그림 지적하기를 바르게 할 수 있도록 하고자 함
- 치료사가 두 개의 그림을 제시하고 한 개의 그림 이름을 말하면 해당하는 그림을 지적하게 함
- 3초 내에 반응해야 함

분석

- 1. 행동 동사 2. 조건 3. 기준

언어치료 목표

- 치료사가 "○○○○ 그림을 지적하세요."라고 촉구하면, 대상자는 3초 내에 그림을 지적한다. 10분 동안 80% 이상 정반응해야 한다.

행동 동사

- 그림을 지적한다.

조건

- 치료사가 명명하여 지시하면

기준

- 3초 내에 반응
- 10분 동안 80% 이상 정반응

[그림 4-6] Mager 접근법 예시-실어증

야 한다. 즉, 10분 동안 치료가 진행될 것이고 3초 내 반응을 하되, 10번 수행을 했다면 8번 이상 정반응을 내는 것이 목표이다.

2. McAshan 접근법

McAshan 접근법은 McAshan이 1970년에 제시한 행동 목표를 구조화하는 방법이다. McAshan 접근법은 앞서 제시한 Mager 접근법과는 달리 특정 기준이 부적절한 경우, 그리고 전반적이고 전체적인 프로그램의 방향을 잡아야 하는 경우에 사용될 수 있는 방법이다. 개별 치료보다는 집단 치료, 예를 들어 교실 내에서 전체적인 언어치료의 방향과 행동을 수립하고자 할 때 사용할 수 있는 접근법이다. McAshan 접근법은 프로그램 변인, 학습자, 행동 영역, 평가 1과 2로 구성된다.

사례를 통해 McAshan 접근법을 살펴보자([그림 4-7 참조]). 김○○(남자 고등학생)는 매우 수줍어하여 그가 교실에서 말하는 것을 친구들이 알아듣기 어렵다. 언어치료의 목표는 교실 내에서 김○○의 음성 크기를 증가시키는 것이다. 프로그램의 주요 변인은 말하기이며, 치료해야 할 대상자 범위가 광범위하다고 봤을 때 학습자가 누구인지 확인한다. 이 사례에서 학습자는 김○○ 남학생이다. 이 학습자는 집단 상황에서 초등학교 1학년 1반이 될 수도 있다. McAshan 접근법에서는 김○○이 교실에서 교사와 친구들이 듣기 편하게 큰 음성으로 말하는 것을 치료 목표가 달성된 전체 평가 방법으로 세울 수 있다.

다음에 살펴볼 예시는 말더듬 아동으로 현재 비유창 수준을 유지시키면서 구두 읽기 속도만을 증가시키고자 한다. 프로그램 변인은 읽기, 학습자는 말더듬 아동, 행동 영역은 심리운동학적(언어), 평가 1은 5분 동안 읽기를 하면서 2% 이하 비유창성으로 분당 100~180개 이상 단어로 읽기 속도를 유지하

사례

- 김○○는 매우 수줍어하여 교실에서 말하면 친구들이 알아듣기 어려움
- 언어치료 목표는 교실 내에서 치료 김○○의 음성크기를 증가시키는 것임

행동 목표

- 교실 내에서 교사와 친구들이 김○○가 한 말을 이해할 수 있도록 교실에서의 김○○의 음성크기를 증가시키기

프로그램 변인
- 말하기

학습자
- 대상자 '김○○'

행동 영역
- 심리운동학적

평가 1
- 교실에서 교사와 친구들이 듣기에 충분히 큰 음성으로 말하기

평가 2
- 없음

[그림 4-7] McAshan 접근법 예시

는 것이다. 최종 언어치료 목표인 평가 2는 2%의 비유창성을 유지하면서 분당 100개 단어 읽기로 수립할 수 있다.

3. Snyder 접근법

Snyder 접근법(Snyder, 1971)은 행동 목표를 구조화하는 방법으로서 중재 초기 단계에서 사용하는 방법이다. '치료 대상 아동이 해야 할 것은 무엇인지, 누가, 언제, 어떤 조건에서, 어떤 자료를 사용할 것인지, 정확도는 어떻게 할 것인지, 어떻게 정반응 또는 오반응으로 판단을 하는지' 그리고 또 다른

특별한 조건은 무엇이 있는지 등을 고려하여 목표 수립을 할 수 있도록 절차적으로 접근한다. 중재 초기 단계에서 Mager 접근법의 행동 동사, 기준선, 조건을 처음부터 명확하게 하기 어렵다면 Snyder 접근법을 사용한다.

다중 조음장애 아동의 사례를 살펴보자([그림 4-8] 참조). 이 아동은 '밥'을 /바/, '강'을 /가/와 같이 어말종성을 빈번히 생략한다. 또한 대치도 나타난다. Snyder 접근법을 사용할 경우에 언어재활사는 단계별로 결정한다. '해야 할 것은 무엇인가' 목표 행동에 있어서 해야 할 것은 어말종성을 생략하므로 어말의 위치에 있는 /ㅂ/, /ㄱ/, /ㄷ/, /ㅇ/가 있는 단어를 정조음하여 산출하는 것이다. '누가 하는가?' 대상 아동이다. 행동 동사의 주어는 치료사가 아니라 대상자이다. 언어치료는 '언제 실시하는가?' 전체 언어치료 회기의 20분 치료 회기 동안 실시한다. '조건은 무엇인가?' 치료사가 그림을 제시하면서 모델을 제시할지 또는 음소 자극을 제시할지 대상 아동에 따라, 언어치료 목표 단계에 따라 변화된다. '자료는 무엇인가?' /ㅂ/, /ㄱ/, /ㄷ/, /ㅇ/가 어말에 있는 단어 카드 자료를 사용한다. '정확도는 어떻게 할 것인가?' 정확도는 25개 단어의 어말 종성자음을 85% 이상 정조음하는 것이다. 그리고 '정조음의 판단'은 '언어재활사의 평가에 따른다.'로 정한다. 이 판단은 단순하게 언어재활사 평

사례 다중 조음장애

- 다중 조음장애로 어말종성을 빈번히 생략함
- 대치도 나타남
- 단어 수준에서 어말에 위치한 /ㅂ/, /ㄱ/, /ㄷ/, /ㅇ/ 산출하기

행동 목표

- 20분 회기가 끝나면, 대상 아동은 /ㅂ/, /ㄱ/, /ㄷ/, /ㅇ/가 어말에 포함되어 있는 치료사가 제시하는 단어 카드를 명명한다. 25개 제시된 단어를 어말종성 위치에서 85% 이상 정조음해야 한다. 보상 또는 촉구는 제공되지 않는다.

[그림 4-8] Snyder 접근법의 예시

가가 아닐 수 있다. 언어재활사와 아동 어머니 간 일치율을 90% 이상으로 정할 수도 있다. 또 2명 이상의 언어재활사 평가에 따를 수도 있다.

대상 아동은 /ㅂ/, /ㄱ/, /ㄷ/, /ㅇ/가 어말종성 위치에 있는 단어 카드를 명명하며, 25개 제시된 단어를 80% 이상 정조음해야 한다. 보상 또는 촉구가 어떻게 제공되는지까지 행동 목표를 구체화하여 서술한다.

4. 수립된 목표 평가하기

언어치료 목표를 정하고 시행을 하기 위해서는 목표 수립이 잘 되었는지 평가가 필요하다.

- 1단계: 학습자가 해야 할 목표가 무엇인지 여러 번 확인한다. 그 목표는 관찰 가능하고 계수 가능해야 한다.
- 2단계: 목표에 따른 수행 지표는 무엇인지, 즉 행동 동사에 해당되는 지표를 확인한다. 예를 들어, '이해한다'는 것은 '지적한다'로 서술된다.
- 3단계: 수행 지표가 목표 행동인지 평가한다. 이해하는 것을 지적하는 행동 동사로 정의하였다면, 그 수행 지표가 목표 행동과 일치하는지 확인한다.
- 4단계: 수행 지표의 수행 가능성과 명료성을 검토한다. 수행이 대상자의 능력 범위 내에 있는지 확인해야 한다.

'주세요'라는 요구하기조차 형성되어 있지 않는 무발화 아동의 언어치료 목표를 세우는 경우를 살펴보자. 치료 초기 단계에서부터 수행 행동 동사를 '주세요'라는 발화로 설정하면 이 무발화 아동은 목표 행동을 수행할 수 없다. 그러므로 이 경우에는 발성 /ㅏ/를 시발점 언어치료 목표로 세운다.

5. 비구조적 목표 수립하기

비구조적인 상황은 목표 수립을 하기에는 아직 미흡한 단계를 말하며, 프로그램을 준비하는 단계라고 할 수 있다. 치료 대상자에 대해 아직까지 정확하게 파악하지 못하였으나 언어치료가 시작되어야할 경우, 이 단계는 비구조적인 상황적 단계라고 할 수 있다. 구조적인 상황에서는 치료사가 무엇을 제시하면 환자가 어떠한 정반응을 하고 이에 대해 치료사는 강화를 제공하는 등이 나타난다. 그리고 정반응률이 90% 이상이면 다음 목표를 진행한다. 그러나 대상자가 무엇인가 행위를 할 수 있으려면 단계에 해당되는 언어 양상이 나타나거나 할 수 있어야 하는데 그 조차도 안 되는 상황에서 기법을 향상시키는 경우에는 구조적인 치료를 진행할 수 없는 단계이다.

이와 달리, 관련 자료를 진전시키는 단계도 비구조적인 상황이 있다. 예를 들어, 치료사가 20개 낱말 카드를 사용해서 아동이 정조음하는 것으로 사용

비구조적 상황이란

- 프로그램을 준비하는 단계
- 기법을 향상시키는 단계
- 관련 자료를 진전시키는 단계

비구조적 목표 작성 과정

1. 언제 진행하는가?
2. 누가 진행하는가?
3. 무엇을 진행하는가?
4. 누구를 대상으로 진행하는가?
5. 성공의 기준은 무엇인가?
6. 수행의 성공에 대한 평가는 어떻게 하는가?

[그림 4-9] 비구조적 목표 수립하기

을 했다가 가정에서 사용하는 일상생활 용어뿐만 아니라 처음 사용하는 낯선 단어, 혹은 장난감에서도 자료를 접목시킨다면 이는 비구조적인 상황이다. 이것을 자료 일반화 단계라고 한다.

비구조적 목표의 작성은 육하원칙으로 구성된다. 언어치료는 언제 진행하는가, 누가 진행하는가, 무엇을 진행하는가, 누구를 대상으로 진행하는가, 성공의 기준은 무엇인가, 그리고 수행의 성공에 대한 평가는 어떻게 하는가로 구성된다([그림 4-9] 참조).

핵심 퀴즈

Q1. 언어치료 목표에서 사용하는 일반적인 행동 동사라고 할 수 없는 것은?

① 정조음한다.
② 유창하게 말한다.
③ 이해한다.
④ 발성한다.

Q2. '치료사가 /빵/이라고 음성모델을 제시하면 아동은 /빵/이라고 100% 따라 말한다.'와 같은 언어치료 목표에서 Mager의 조건에 해당하는 것은?

① 100%
② 따라 말한다.
③ 치료사가
④ 음성모델을 제시하면

Q1. ③ Q2. ④

5장 행동수정의 원리와 절차 1

학습목차

1. 강화
2. 소거
3. 벌
4. 자극 통제

학습목표

1. 강화의 원칙, 정적 강화와 부적 강화의 구분, 강화에 미치는 영향, 강화계획이 행동 비율에 미치는 영향을 설명할 수 있다.
2. 소거의 원칙을 설명할 수 있다.
3. 벌의 원리, 정적 벌과 부적 벌, 벌의 효과에 영향을 미치는 요인을 제시할 수 있다.
4. 자극 통제의 원칙과 자극 식별 훈련을 제시할 수 있다.

1. 강화

인간 행동의 일반적인 원리는 자극과 반응의 연속상에 있는 함수 관계가 있다. 특정한 행동의 발생에 즉각적인 결과가 뒤따르고, 결과적으로 행동의 증가를 가져오면 그것을 '강화(reinforcement)'라고 한다. 그래서 '강화되었다'고 할 때는 '행동의 증가'가 있다. 이와 반대로 벌에 의해서는 행동의 감소가 일어난다. 강화를 통해서 증가된 행동을 '조작적 행동(operant behavior)'이라고 하며, 이 행동을 증가시키게 만든 강화를 '강화인(reinforcer)'이라고 한다.

쥐가 지렛대를 누르니 좋아하는 치즈가 나오는 경우를 보자. 쥐가 지렛대를 누르는 행동과 누르지 않는 행동이 있다. 지렛대를 누르는 행동은 뒤에 이르는 결과, 즉 치즈가 주어지며 이 치즈는 강화인으로 작용한다. 강화인, 즉 치즈가 주어지므로 쥐는 치즈를 먹기 위해서 계속 지렛대를 누르는 행동을 증가한다. '지렛대를 누르는 행동'을 '조작적 행동'이라 하며, '치즈'를 '강화인'이라고 한다([그림 5-1] 참조).

[그림 5-1] 쥐가 지렛대를 누르면 치즈가 나오는 조작적 행동

이와 같은 행동과 그에 뒤따르는 후속 강화로 인해 조작적 행동이 일어나고 행동의 증가가 이루어지는데, 즉각적인 강화는 크게 정적 강화와 부적 강화로 나뉜다. 자극이나 자극 강도의 증가가 뒤따르는 것을 정적 강화(positive reinforcement)라고 하며, 그 자극이나 자극 강도의 감소가 뒤따르는 것을 부적 강화(negative reinforcement)라고 한다. 일반적으로 언어치료에서는 정적 강화법을 사용한다.

1) 도피와 회피

행동수정에서 사용하는 용어로 도피(escape) 행동과 회피(avoidance) 행동이 있다. 도피 행동과 회피 행동은 그것이 혐오 자극 전에 발생하느냐, 후에 발생하느냐로 구분된다. 회피 행동은 어떠한 자극이 발생하기 전에 어떤 행동을 해서 뒤따르는 강화를 받지 않으려고 하는 것이다. 반면에 도피 행동은 뒤에 뒤따르는 자극이 발생하자 다른 행동을 하는 것이며, 이 행동이 또 다른 강화가 되는 행동이다. 다음의 예를 살펴보자. 칸막이가 여러 개 설치되어 있는 공간에서 쥐가 움직이고 있다. 어느 칸막이 안에서 전기 자극이 오자 점프를 해서 다른 칸막이 방으로 옮겨가자 전기 자극이 없다. 그래서 이 쥐는 도피 행동으로 다른 칸으로 점프하기를 한다. 후속 자극에 대해 도망을 가기 위해서 도피 행동인 점프를 한 경우이다. 마찬가지로 쥐가 칸막이 여러 개 사이를 움직이고 있다. 아직 전기 자극은 오지 않았다. 전기 자극은 아직 안 왔지만 갑자기 무슨 소리가 들린다. 그러자 쥐가 점프를 해서 다른 방으로 움직인다. 전기 자극 없이 소리만 듣고 그 소리가 나면 전기 자극이 온다는 것을 미리 예상을 하고 이 쥐는 점프를 해서 다른 칸으로 점프를 한다. 그래서 전기 자극을 피하게 되는 행동을 회피 행동이라고 한다([그림 5-2] 참조). 후속 자극에 대해서 다른 행동을 하는 경우에는 도피 행동으로, 그리고 후속 자극을 미리 피하는 경우에는 회피 행동으로 구분한다.

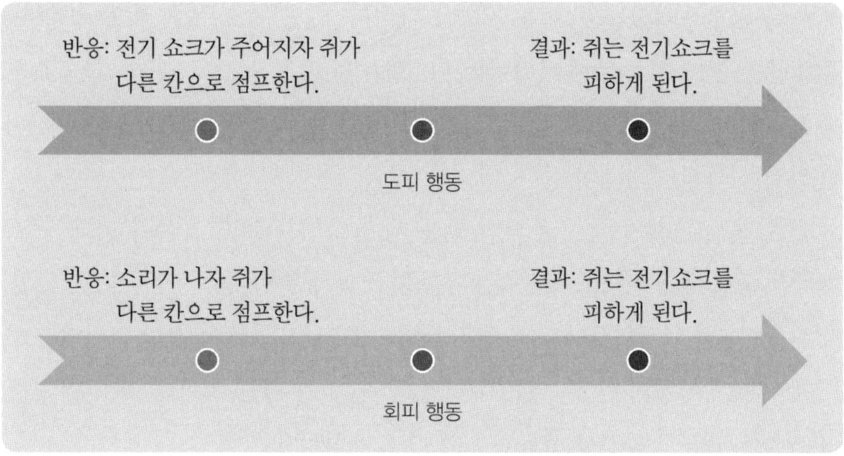

[그림 5-2] 도피 행동과 회피 행동

말더듬의 경우 회피 행동으로 말더듬 문제를 나타내지 않을 수 있다. 말더듬 증세를 가진 사람은 자신의 말더듬 증세가 더 심하게 나타나는 상황들, 예를 들어 낯선 사람, 특정 성별, 혹은 상사와 얘기를 나눌 때의 상황을 알고 있다. 그래서 이러한 상황을 회피하여 말더듬을 피하는 경우이다.

또한, /ㅅ/가 나타나는 단어에서 말더듬 현상이 나타나는 말더듬이 읽기를 할 경우에는 그 단어를 회피하지 못한다. 그러나 자발화에서는 그 단어 대신 다른 단어로 대치해서 말을 하는 회피의 말더듬 현상을 나타낼 수도 있다.

2) 강화에 영향을 미치는 요인

행동에 뒤따르는 강화인이 어떠냐에 따라 행동 증가 혹은 감소가 얼마나 이루어지는지 결정된다.

첫째, 행동에 뒤따르는 강화인은 행동이 발생한 후 즉시 주어졌을 때 효과가 있다. 단순한 예로, 쥐가 지렛대를 밟자 치즈가 바로 떨어진다. 그러나 쥐가 지렛대를 밟았는데 5분 뒤에 치즈가 떨어지면 쥐는 지렛대를 밟아서 치즈라는 음식이 주어졌는지, 이쪽 저쪽을 다니다가 음식이 나왔는지 알 수 없다. 강화인은 반드시 즉시 주어져야 한다. 언어치료 시 목표로 하고 있는 조음, 목표로 하고 있는 단어 배열, 목표로 하고 있는 언어 행동의 정반응이 나타나면 강화를 즉시 제공해야 한다.

둘째, 자극은 행동에 유관되어 있을 때 강화인으로 더 효과가 크다. 후속 자극은 행동에 유관되어야 한다. 후속 자극의 강화인에는 음식, 활동, 칭찬, 토큰 등이 있다. 무엇보다도 토큰 강화인이 효과적인데, 몇 개의 스티커를 모으면 이후에 아동이 할 수 있는 무엇을 할 수 있게 하는 것이다. 이처럼 행동의 유관이 있는 강화인을 사용하는 것이 효과적이다.

셋째, 강화는 대상자가 가지고 싶어 해야 한다. 그리고 어떤 행동을 해서 강화를 취득하기를 원하고 강화물을 받을 수 있을지 효과적인 프로그램이 마련되어야 한다. 효과적인 프로그램은 강력한 강화인으로서의 유인력을 가지고 있는 강화를 구성할 필요가 있다.

넷째, 강화인은 사람마다 다르므로 강화인에 대한 선호도 조사가 개별적으로 이루어져야 한다([그림 5-3] 참조).

즉시성

• 자극은 행동 후 즉시 주어졌을 때 강화인으로서 더욱 효과가 크다.

유관성

• 자극은 행동에 유관되어 있을 때 강화인으로서 더욱 효과가 크다.

유인력

• 박탈은 특정한 시기에 강화인으로서의 자극을 더욱 효 과적이게 만든다.

결과의 특성

• 강화인은 사람마다 다르다. 일반적으로 더 강한 자극이 더 효과적인 강화인이다.

[그림 5-3] 강화에 영향을 미치는 요인

3) 강화계획

모든 강화의 결과는 행동의 증가 또는 없는 행동을 만들어 내는 데 있다. /사과/라고 정조음을 하는데, 대상자가 10번 중 1번만 정조음 한 경우를 살펴보자. 10번 발음을 하면 9번 이상 /사과/라고 정조음할 수 있도록 뒤에 후속 강화를 사용한다. 후속 강화를 어떻게 해야 9번 이상의 정조음 횟수를 만들어 낼지 그 특성에 대해서 면밀히 알아보아야 한다. 강화계획(reinforcement schedules)이란 강화인이 모든 정반응 뒤에 제공되는지 아니면 몇 번의 정반응에 대해서 뒤따르는지에 따라 달라진다. 아동이 "사과, 아과 이게 뭐지? 사과, 사과, 사과"라고 하였다. 정반응에 대해서 강화를 제공하기로 했는데, 4번의 정반응에 대해 매번 스티커를 제공할 수도 있고, 두 번째 정반응에 대해 강화를 제공할 수도 있다. 매번 정반응에 대해서 강화를 준다면 '연속적(continuous) 강화계획'이라고 한다. 반면에 첫 번째 /사과/에 대해서는 스티커를 제시하지 않지만 두 번째 /사과/라고 정조음을 했을 때 스티커를 줬다면 연속적으로 주지 않았기 때문에 간헐적(intermittent) 강화계획이라고 한다. '간헐적 강화계획'은 모든 반응이 강화되지 않고 가끔씩 또는 간헐적으로 강화되는 것이다.

간헐적 강화계획은 비율 강화계획과 간격 강화계획으로 진행될 수 있다. 비율이란 일정 수의 반응 후에 항상 주어지는 것이다. 먼저, 비율 강화계획에는 고정 비율 강화계획과 변동 비율 강화계획이 있다. 고정 비율은 항상 주어진 일정한 수에 따라, 변동 비율은 평균 X 반응 후에 주어지는 것이다. 고정 비율은 항상 일정한 정반응한 행동 수에 대한 후속 강화가 주어지기 때문에 '내가 행동을 하면 항상 강화를 받는구나.' 라고 알 수 있다. 그러므로 행동을 하는 대상자는 이 행동을 하려고 목표 행동이 높은 비율로 나타나기 때문에 행동수정 초기에 많이 사용한다. 그런데 고정 비율로 계속 강화를 하다가 강화를 중지해 버리면 목표 행동이 중지될 수 있는 위험 소지가 있다. 그래서 고정되게 매번 강화를 줄 것이 아니라 일정 평균 반응 후에 한 번 강화를 제공하는 방법인 변동 비율을 사용한다. 평균 2회 반응에 대한 변동 비율을 예로 들어보자. 행동이 10번 나타나면 그 10번 중 2번만 변동 비율 강화를 한다고 하면 평균 다섯 번째 강화를 받는다는 것이다. 다섯 번째 받는다고 하면 대상자가 자신이 언제 정반응을 보이는 어떤 비율에 있어서 나타날지 모르는 약간의 예측성이 생긴다. 고정 비율의 경우에는 중지 이후에 행동이 감소하는 경향이 있지만, 강화 후에 일시 중지되더라도 그 행동은 지속적으로 유지되는 경향을 보이는 것이 변동 비율이다.

다음으로, 간격 강화계획에는 고정 간격 강화계획과 변동 간격 강화계획이 있다. 간격은 일정 시간 간격을 두는 것이다. 고정 간격 강화계획을 사용하면, 예를 들어 5분 고정 간격의 경우 행동의 5분, 10분, 15분에 강화를 제공한다. 이 경우 바로 강화를 주는 간격의 시작 시점에서는 행동의 증가가 나타나겠지만, 간격의 끝에서는 강화가 주어지지 않으므로 행동의 비율이 낮아지는 단점이 나타난다. 반면에 간격을 5분, 10분, 15분으로 정하지 않고 시간 간격을 다양하게 하는 것이 변동 간격 강화계획이다. 치료 대상자는 자신이 언제 강화를 받을지 모르니 행동을 하다 말다 하는 패턴으로 보이지 않고 꾸준히 행동을 보이게 된다. 우연히 당첨되는 게임은 언제 당첨될지 모르는 변동 간격을 사용하는 대표적인 예이다.

2. 소거

소거(extinction)는 이미 강화되어 온 행동이 더 이상 강화되는 결과를 갖지 못해서 향후 그 행동이 더 이상 발생하지 못하도록 만드는 것이다. 잠자리에서 계속 투정을 부리는 아동의 예를 살펴보자. 엄마가 이 아동에 대해 아무런 반응을 안 보이면, '내가 투정을 부려 봤자 엄마는 나에게 관심을 보여 주는 게 아니구나.'라고 생각하여 이 아동이 투정부리는 행동이 없어질 것이라

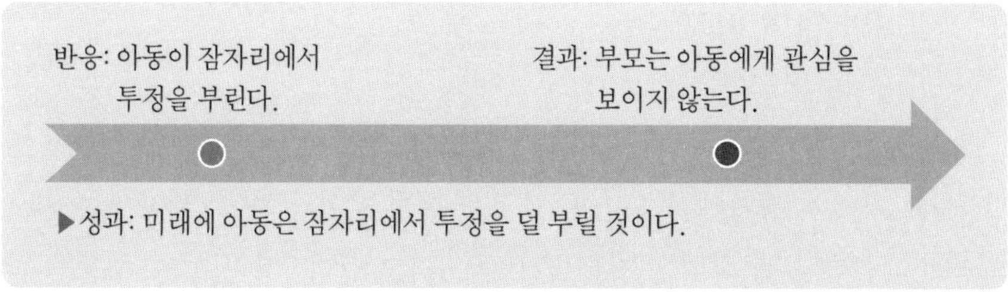

[그림 5-4] 소거의 예시

고 보는 것이 소거 기법이다. 아동의 잠자리에서의 투정이 엄마의 관심이라는 후속 강화로 인해 행동의 증가가 일어난 경우이므로 엄마가 관심을 보이지 않는 소거를 하면 아동의 투정 행동이 더 이상 발생하지 않게 된다([그림 5-4] 참조). 아동이 잘못된 행동으로 보호자의 관심을 받고자 할 때 이와 같은 소거 기법을 사용한다.

3. 벌

벌(punishment)은 목표 행동의 감소 또는 약화를 위해서 사용한다. 어떤 행동이 일어나면 뒤에 어떤 결과를 주어서 결과적으로 행동의 수치가 감소하는 결과를 가져오는 것이 벌이다. 강화와 벌은 매우 반대되는 내용이다. 강화는 목표 행동의 증가를, 벌은 목표 행동의 감소를 가져온다. 그래서 그 행동에 의해서 행동이 덜 일어나게 하는 하나의 결과를 가지는 것을 벌인자라고 한다. 예를 들어, 철수가 여동생을 괴롭히는 행동을 하자 어머니의 꾸지람이 이어졌다. 이후 철수가 여동생을 괴롭히는 행동이 줄었다. 이 경우, 혐오 자극인 꾸지람인 벌로 철수의 행동은 감소했다. 어머니의 꾸지람은 벌인자가 된다.

1) 강화와 벌의 비교

강화에서 정적 강화와 부적 강화가 있듯이, 벌도 정적 벌과 부적 벌이 있다. 혐오 자극이 증가해서 수반되는 것을 정적 벌이라 하고, 뒤따르는 혐오 자극이 제거 혹은 없어지는 것을 부적 벌이라고 한다. 정적 벌은, 행동의 발생이 혐오 자극을 수반하도록 만들고 그 결과로 그 행동이 일어날 가능성이 적어진다. 부적 벌은, 행동의 발생은 강화를 제거함으로써 일어나고 그 결과 미래의 그 행동이 일어날 가능성이 적어진다. 정적 벌은 혐오 자극을 수반하지만, 부적 벌은 혐오 자극을 제거한다([그림 5-5] 참조).

벌은 행동 감소를 목표로 하고, 강화는 행동의 양을 증가시킨다. 예를 들어, 한 소녀가 울타리 옆에 서 있고 울타리 안에 개 한 마리가 있다. 소녀가 울타리에 다가서니 개가 짖기 시작한다. 울타리에 다가서면 개가 짖으니 소녀가 울타리에 다가서는 행동이 감소한다. 이때 개가 짖는 것은 벌이다. 그리고 이 자극이 제시되자 행동이 감소하였으므로 정적 벌이라고 할 수 있다. 똑같은 상황에서, 소녀는 개가 무서워서 손을 뒤로 했다. 그러자 개가 짖지 않는다. 이제 소녀는 개를 보면 손을 뒤로 하게 되고, 이 손을 뒤로 하는 행동이 증가한다. 이때 개가 짖는 것은 손을 뒤로 하는 행동을 증가시킨 것이므로 강화가

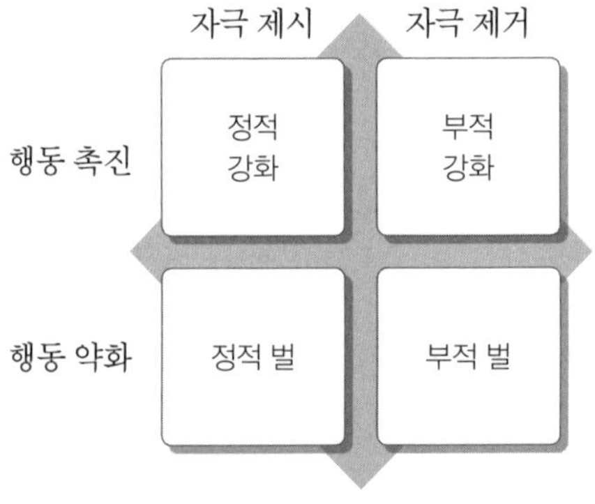

[그림 5-5] 강화와 벌의 비교

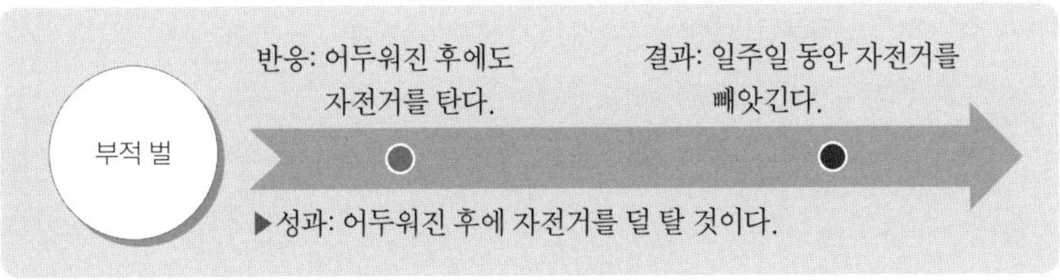

[그림 5-6] 부적 벌의 예시

된다. 그리고 손을 뒤로 하자 개가 짖지 않게 되므로 부적 강화된 결과이다.

다음 예로 한 소년이 어떤 행동의 결과로 자전거를 못 타게 된 경우를 살펴보자. 이때 자전거를 타는 행위는 감소했으므로 이것은 강화가 아니라 벌이다. 소년이 어두워진 후에도 자전거를 타니 부모가 자전거를 빼앗아 버렸으므로 자극의 제거이므로 부적 벌이다([그림 5-6] 참조).

2) 벌 효과에 영향을 미치는 요인

강화와 마찬가지로, 벌 효과에 영향을 미치는 요인으로 즉시성이 중요하다. 즉시 주어졌을 때, 그 행동에 대한 벌로서 구분이 가능하다. 또한 벌인자는 자극 효력이 반드시 있어야 한다. 그리고 벌은 한 번 줄 때 강하고 정확하게 사용해야 한다.

4. 자극 통제

다음의 예를 살펴보자. 붉은 딸기를 보고 순이가 그것을 따서 먹는다. 맛이 좋다. 그러면 순이는 붉은 딸기를 계속 따서 먹으려고 한다. 푸른색의 딸기를 따서 먹어 본다. 그런데 푸른색의 딸기를 따서 먹어 보니까 맛이 없다. 결과적으로 순이는 푸른 딸기가 아니라 붉은 딸기를 따서 먹게 된다. 선행 사건

(antecedent: A), 행동 (behavior: B), 결과 (consequence: C), 즉 ABC로 일련의 행동이 발생한다([그림 5-7] 참조). 행동이 발생하기 전 선행 사건이 있고, 선행 사건을 식별할 수 있어야 한다. 붉은 딸기인지 푸른 딸기인지 식별해야 행동을 할 수 있고, 그 결과 맛이 아주 좋은 결과를 얻게 된다. 이때 붉은 딸기를 보고 그것을 따서 먹을 수 있는 식별 자극을 할 수 있도록 하는 것이 자극 통제이다. 특정 선행 자극이 나타날 때만 행동이 강화되어 발달하는 것이 자극 통제이다.

아동의 언어발달 시기에 과대 일반화가 나타나는데, 예를 들어 아동은 자신의 엄마뿐만 아니라 옆집 아줌마 또는 이모에게도 '엄마'라고 한다. 이 아동은 언어발달 과정에서 자극 통제가 되어 있지 않은 것이다.

자극 통제를 하기 위해서는 선행 자극에 대해 분별할 수 있는 식별 자극이 이루어져야 한다. 식별 자극은 행동이 강화되고 있을 때 나타나는 선행 자극, 즉 붉은 딸기가 식별 자극으로서의 역할을 해야 한다. 식별 자극을 만들어 내기 위해서 식별 자극이 나타날 때만 행동을 강화하는 과정을 자극 식별 훈련이라고 한다. 앞의 예에서 아동이 옆집 아줌마나 이모에게도 '엄마'라고 할 때, 엄마에게만 '엄마'라고 하는 훈련을 시키는 것이 자극 식별 훈련이다.

자극 식별 훈련을 하기 위해서는 식별 자극이 나타날 때만 행동을 강화한다. 아동이 엄마를 보고 '엄마'라고 했을 때 엄마는 방긋 웃어 보이거나 아동이 좋아하는 놀이를 하는 등의 강화를 한다. 그러나 이모에게 '엄마'라고 하

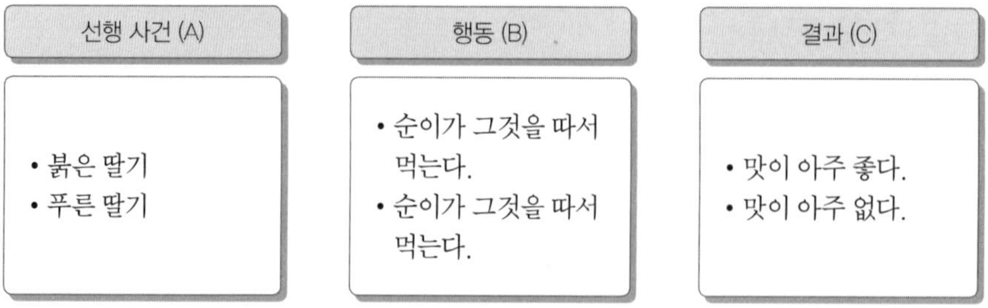

[그림 5-7] ABC에 따른 자극 통제

면 강화를 하지 않는다. 자극 식별 훈련의 기본적인 원칙은 식별 자극을 제외한 다른 어떤 자극이 제시될 때 행동은 강화하지 않는 것이다. 강화되지 않아야 될 선행 자극을 에스델타(SΔ)라고 한다. 엄마는 식별 자극 SD이고, 이모는 SΔ가 된다. 아동이 '엄마' 하고 부르면 후속 반응을 보이고 SΔ인 이모에 대해서 아동이 엄마라고 하면 반응을 보이지 않는 이러한 방법을 사용하는 것이 자극 식별 훈련하는 과정이다. 또 다른 자극 통제 식별 예를 보자. 빨간불과 파란불 신호등에서 보행자는 횡단보도에서 빨간불에는 멈춰야 한다. 이때 SΔ는 파란불이다. 파란불에는 멈추면 안 된다. 또 다른 예로, 전화를 받을 때는 전화벨이 울리니까 받는다. 벨이 울리지 않으면 전화를 받지 않는다. 이처럼 많은 일상생활은 자극 통제, 식별 자극 원리에 근거해서 행동이 이루어지고 있다.

1) 자극 식별 훈련을 이용한 읽기 및 철자 지도

자극 식별 훈련을 이용한 읽기 및 철자 지도 예를 보자. 아동이 /사과/라고 읽을 수 있도록 하는 것이 목표이다. 아동이 /사과/라고 읽으면 교사로부터 칭찬을 받고, /샤고/라고 읽으면 "틀렸어."라는 말을 듣는다. 그래서 '사과' 단어는 식별이 된다([그림 5-8] 참조).

선행 사건 (A)	행동 (B)	결과 (C)
• 사과 • 다른 단어	• 순이가 /사과/라고 말한다. • 순이가 /사과/라고 말한다.	• 교사로부터 칭찬을 받는다. • 교사가 "틀렸어."라고 말한다.

[그림 5-8] 자극 식별 훈련을 통한 읽기 및 철자 지도

2) 자극 식별 훈련 및 벌

식별 자극에 대해서는 강화인과 벌인자를 줄 수 있다. 자극 식별 훈련을 하기 위해서 반응 행동을 만들어 내고 식별 자극을 위해서 뒤에 강화를 준다면 강화인을 사용하며, 벌을 준다면 벌인자를 사용할 수 있다([그림 5-9] 참조).

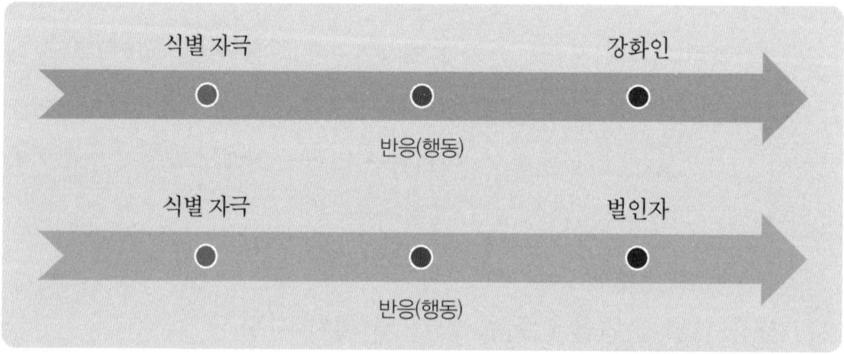

[그림 5-9] 자극 식별 훈련

핵심 퀴즈

Q1. 벌 효과에 영향을 미치는 요인이라고 볼 수 없는 것은?

① 즉시성
② 유관성
③ 지연성
④ 강렬성

Q2. 말더듬 성인이 '사다리'라는 단어에서 항상 말을 더듬게 되어 '사다리' 대신 '그것'이라고 대치하여 항상 말을 하는 경우를 무엇이라고 하는가?

① 도피
② 강화
③ 소거
④ 회피

Q1. ③ Q2. ④

6장 행동수정의 원리와 절차 2

학습목차

1. 행동형성법
2. 자극 통제에 대한 촉구 및 전이
3. 행동연쇄법
4. 행동기술 훈련 방법

학습목표

1. 새로운 행동을 만들어 내기 위한 행동형성에 포함되어 있는 강화와 소거 원리를 이용할 수 있다.
2. 촉구와 용암의 종류를 알고 사용할 수 있다.
3. 행동연쇄법을 사용할 수 있다.
4. 행동기술 훈련 방법을 사용할 수 있다.

1. 행동형성법

1) 행동형성

행동형성법(shaping)은 바람직하게 있어야 할 행동이 없을 때 사용하는 기법이다. 말소리는 옹알이에서부터 문장 산출로 발달한다. 전체 문장으로 발화하기 이전 "아빠"라고 말을 할 수 있기 위해 아동은 "아 아 아 아 아"와 같은 옹알이 수준의 발성을 한다. 그리고 "아 빠빠 빠빠"와 같은 음절이 반복되다가 일정 시기에 드디어 "아빠 아빠"하고 말을 한다. 이와 같은 일련의 언어발달 단계에서 옹알이 수준에서 말을 하다가 "아빠"라고 언어적인 의사소통을 할 수 있는 완전한 단어로 표현이 가능한 단계 연쇄는 행동형성법에 근거해서 설명된다. "아아아" 옹알이 수준에서 "아아아~" 음성 놀이를 하다가 "아빠빠"라고 말하면, 아동의 부모는 더 기뻐하고 아동과 눈 맞춤도 더 많이하여 아동은 강화를 받는다. 앞 장에서 살펴본 ABC의 B에 해당되는 행동 수치가 증가한다. 강화를 받고 아동이 "빠빠빠"라고 할 때보다, 또 우연히 "아빠"라고 더 완전히 목표치에 다가서게 되면 부모는 더 기뻐한다. 이전 "빠빠빠"라고 할 때보다 자연스러운 후속 강화가 있게 되고, 완전한 전체 단어로 표현을 하는 과정들이 행동형성법으로 이루어진다.

2) 차별강화

행동형성을 하는 과정 중에는 차별강화(differential reinforcement)가 발생한다. 표적 행동이 나타날 때까지 표적 행동의 연속적 근사치에 대한 차별강화를 한다. '아빠'라는 낱말 산출에서 처음에는 "으으" 하다가 아동이 "빠"라고 한다. 그러면 '으'는 더 이상 강화를 받지 못하고 "빠빠빠"라고 할 때 강화를 받는다. 즉, '으'는 차별적으로 강화를 받지 못하고, '빠'는 차별적으로 강화를 받게 된다. 그래서 행동형성 과정 중에는 차별강화가 필연적으로 진행된다.

3) 시작 행동

행동수정 기본원리에서 행동형성법을 사용하는 이유는 "아빠"라는 이 표적 행동이 있는데 '아빠'라는 표적 행동을 할 수 없기 때문에 바로 표적 행동의 근사치인 "으"부터 시작을 하는 것이다. 따라서 시작 행동(starting behavior)은 행동형성법에서 매우 중요하다. 시작 행동을 무엇으로 정의하느냐에 따라 행동형성법을 사용을 할 수 있을지, 그리고 행동형성법을 계속 진행할 수 있을지 결정된다. 표적 행동의 근사치인 행동조차 없다면 이 시작 행동을 만드는 것부터 출발해야 한다.

4) 점진적 접근법

행동형성법은 표적 행동을 발생시키기 위해 현재 나타나지 않은 표적 행동을 발생하도록 사용하는 행동수정 원리이다. 행동형성법은 "으"에서 "빠빠빠, 암빠, 아빠"로 점진적인 단계로 진행된다. 단계들은 이전 단계와 현재 단계, 다음 단계로 나아가는 차별강화가 이루어진다. 표적 행동이 정해지면 그 표적 행동과 근사치에 있고, 상관이 있는 시작 행동부터 시작해서 점진적으로 표적 행동과 가까워진다([그림 6-1] 참조).

다음의 예를 살펴보자. 한 여중생이 교실에서 친구들과 대화를 할 때 30dB 정도로 이야기를 한다. 이 학생의 목소리 크기를 일반 대화 음성에 사용되는 60dB의 음성 크기로 증가시켜야 한다. 이때 점진적인 목표로 35dB, 40dB, 45dB, 50dB, 55dB로 목표치를 단계적으로 세울 수 있다. 이 행동형성법의 단계가 점진적 접근법(successive approximation)이며, 35dB 크기로 말을 할

행동형성

• 현재에 나타나지 않는 표적 행동을 발생시키는 데 이용

차별강화

• 행동형성은 표적 행동이 보일 때까지 표적 행동의 연속적 근사치에 대한 차별강화를 함

시작 행동

• 행동형성을 시작할 때, 표적 행동의 근사치인 이미 존재하고 있는 행동

점진적 접근법

• 옹알이 → 단어 소리 → 부분 단어 → 전체 단어 → 단어 연결 → 문장

[그림 6-1] 행동형성법

경우에는 "잘했어."라고 강화를 받다가 40dB 목표치가 성립되면 35dB 수치에는 강화를 받지 못하는 차별강화로 진행될 수 있다.

5) 행동형성법의 절차

첫째, 표적 행동을 정의해야 한다. 이 표적 행동은 목표 행동과 관련이 있어야 한다. 그리고 표적 행동과 시작 행동이 상관있어야 한다. 그래서 표적 행동이 행동형성법을 사용하기에 적절한지 아닌지를 판단할 수 있다.

둘째, 표적 행동을 정의한 다음 표적 행동의 정의에 따라 이에 관한 문제행동을 증가 · 감소시키기 위해서 행동형성법을 사용하는 것이 적절한지 결정한다. 이미 약간의 표적 행동이 있다면 행동형성법을 사용할 필요 없이 단순하게 그 표적 행동에 대해서 빈도를 증가시키거나 차별강화를 사용할 수도 있다. 굳이 행동형성법의 시작 행동을 정해서 점차적인 단계를 가져갈 필요가 없다. 표적 행동을 이미 약간이라도 행하고 있다는 예는 다음과 같다. 앞

선 예시에서 아동이 '아빠'라고 표현해야 되는데, 이를 표출하기는 하지만 아빠를 보면 '아빠'라고 일관성 있게 표현하는 것이 아니라 일주일에 한 번 정도 부르고 있다면 이미 약간의 표적 행동을 하고 있는 것이다. 그러므로 이와 같은 경우에 대상자가 '아빠'라고 표적 언어를 표출하고 있기 때문에 아빠와 대화할 때마다 자주 '아빠'를 빈번하게 사용을 해야 하므로 빈도를 증가시킬 수 있는 방법을 사용하는 것이 적절하다.

셋째, 표적 행동을 정해서 행동형성법이 적절하다는 판단이 내려졌으면, 시작 행동을 규명한다. 시작 행동은 행동형성법을 진행하기 위해서 대상자가 적어도 이미 행하고 있는 행동이어야 한다. '아빠'에서 "어 어 어 으 으"와 같이 어느 정도의 음성 놀이나 발성을 할 수 있어야 한다. 그리고 시작 행동은 표적 행동과 어느 정도 연관이 있어야 한다. 언어발달장애의 무발화 아동이나 단순하게 발성만 하는 경우에 행동형성법을 적용시켜서 간단한 호칭에 관한 발화를 산출하게 한다.

넷째, 표적 행동과 시작 행동을 확인한 후에는 시작 행동에서 표적 행동으로 나아가기 위한 행동형성 단계를 구체화한다. 각각의 시작 행동에서 다음 단계로 해서 나아가기 위해서 전 단계에 비해서 이 단계가 표적 행동에 더 가까운 단계가 된다.

다섯째, 매 단계가 완성되고 다음 단계로 나아가기 위한 빈도 증가와 안정화를 위해서는 강화인이 반드시 제공되어야 한다. 행동형성법에서 후속 강화로 사용할 강화인은 토큰 강화법이 매우 유용할 수 있다.

여섯째, 행동형성법 사용에서 차별강화를 적용한다. 시작 행동과 목표 행동이 있으며 그 가운데 단계들이 설정된다. 단계가 진행될 때, 이전 단계 목표와 시작 행동에 대해서는 더 이상 강화를 제공하면 안 된다. 그래서 연속적인 근사치 단계에 따른 차별강화로 표적 행동이 발생할 때까지 진행한다.

행동형성법의 각 단계마다 어떠한 속도로 다음 단계를 진행해 나갈 것인가를 고려해야 한다. 각각의 시작 행동과 표적 행동이 있으면 그 중간에 있는 행동들은 최종 표적 행동이 아니다. 즉, 다음 단계로 나아가기 위한 그 이전의 근사치 행동일 뿐이다. 아직 표적 행동이 마무리되지 않았는데 근사치 행동에 대해 너무 강화를 하면 다음 단계로 나아가는 데 어려움을 줄 수 있으므로 진행되는 단계마다 강화의 양을 적절히 조절해야 한다. 또한 한 단계에 너무 머물러 있지 않도록 주의한다.

6) 문제행동에 대한 행동형성

아동이 부적절한 행동, 예를 들어 연필을 주면 연필을 계속 또닥거리거나, 종이를 주면 계속 낙서를 하는 경우, 의도하지 않았는데 이와 같은 문제행동이 형성될 수 있다.

예를 들어, "제가 설거지나 집안일을 하고 있으면, 아이가 계속 소파에서 구르고 뛰어요. 그래서 아랫집에서 항의를 할 정도예요."라고 하는 경우를 살펴보자. 아동이 소파에서 구르고 뛰는 문제행동을 왜 나타내는지 분석해 보니 다음과 같다. 어머니가 집안일을 하는 동안 아동은 처음에는 소파 위에서 뛰지 않고 몸을 구른다. 그러자 어머니는 설거지를 하면서 "○○아, 지금 뭐해? 그냥 가만히 앉아서 책 봐."라고 이야기한다. 아동은 '어? 집안일을 한다고 나한테 관심을 보이지 않다가 내가 소파 위에서 구르니까 엄마가 나한테 관심을 보이네?'라고 강화된다. 구르다가, 이제 아동은 우연하게 이쪽 소파에서 저쪽 끝으로 한 번 폴짝 뛰었다. 그러자 어머니는 "아니, 뭐해? 빨리 빨리 엄마랑 이 장난감 놀이하자."라고 하며 다가온다. 아동은 '어? 이렇게 폴짝 뛰니까 엄마가 나랑 같이 놀아 주네?' 하며 더욱 강화된다. 이제 아동은 소파에서 펄쩍 펄쩍 10번 뛰어다닌다. 이제 어머니는 집안일을 하다가 더 화들짝 놀라서 뛰어온다. "아니, 너 뭐 하는 거야?" 이렇게 하여 어머니가 아동과 놀아주는 시간이 더 많아진다. 문제행동이라고 할 수 있는 소파에서 펄쩍펄쩍 뛰는 행동이 계속해서 발생하게 된다. 처음 아동은 소파에서 심하게 펄쩍펄쩍 뛰지 않았는데 어머니의 점진적인 행동 강화로 문제행동이 나타났다.

2. 자극 통제에 대한 촉구 및 전이

1) 촉구

ABC 행동 연쇄에서 행동(B)을 유발하기 위한 자극(A)을 어떻게 통제하느냐에 따라서 행동의 빈도를 증가시킬 수 있다. 이것이 바로 자극이다. 예를 들어, 전화기 앞에 웃는 모양 스티커를 붙여 놓으면 전화를 받을 때마다 미소를 짓게 된다.

촉구(prompt)는 어떤 행동에 대한 행동 전에 이 자극이 목표 행동이 일어나도록 도와주는 것이다. 그래서 행동 전에 일어나는 이 자극에 어떤 요소를 추가해서 행동이 잘 일어나도록 도와준다.

예를 들어, 야구 선수가 배트를 정확하게 휘두르게 하는 것이 야구 코치의 목표이다. 투수가 던진 공이 날아들면 선수는 배트를 휘둘러서 공을 친다. 이때 코치는 촉구법을 사용한다. 배트를 정확하게 잘 휘두르게 하기 위해 코치는 "배트를 좀 더 위로!"라고 말한다. 이것이 언어 촉구이다. 그러자 선수는 이 촉구를 받아서 방망이를 더 정확히 휘두르게 된다. 공은 자극으로, 타자는 공을 보면 배트를 휘두른다. 날아오는 공은 타자가 반응해야 하는 식별 자극이며, 선수가 배트를 더 정확하게 휘두르게 하기 위해 코치는 "배트를 더 위로!"라고 언어 촉구를 제시하였다([그림 6-2] 참조).

언어치료 상황에서 촉구법이 사용된 예를 보면, 아동은 '차'라고 쓰인 단어장을 보면 읽기를 정확하게 해야 한다. 그런데 아동은 읽기를 하지 못한다. 언어재활사가 '차'라는 단어 카드를 제시하면서 "한 번 읽어보세요."라고 말하면 아동이 단어 카드를 보고 "차"라고 말한다. 이 단계는 언어 촉구법이 사

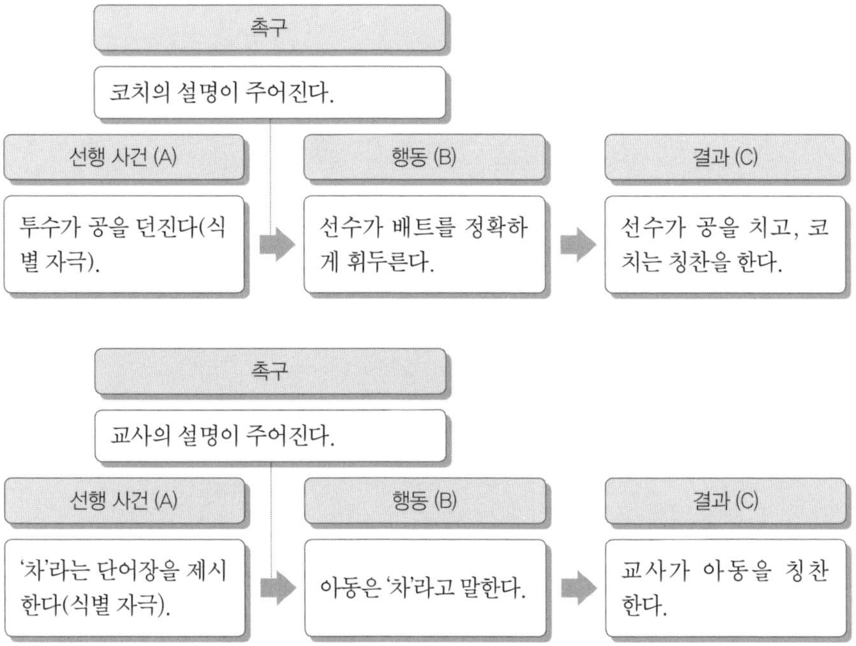

[그림 6-2] 촉구의 예시

용된 경우이다. 아동이 정확하게 정반응을 하면 언어재활사는 칭찬을 제공한다([그림 6-2] 참조).

2) 용암

촉구는 점차적으로 제거되어야 하는데, 식별 자극에 대한 촉구를 점차적으로 없애는 방법을 용암(fading)이라고 한다. 촉구를 제거하고 자극 통제를 전이시켜 자연스러운 자극 통제를 할 수 있는 방법이 용암이다.

용암법의 예를 살펴보자. 앞선 예에서, 선수가 배트를 정확하게 휘두르게 하기 위해 코치는 식별 자극의 언어 촉구로 "배트를 더 위로!"라고 했다. 점차 언어 촉구 횟수를 줄여 가고 이제 선수가 언어 촉구 없이도 배트를 정확하게 휘두르는 목표 행동을 할 수 있을 단계가 되자 더 이상 언어 촉구를 제공하지

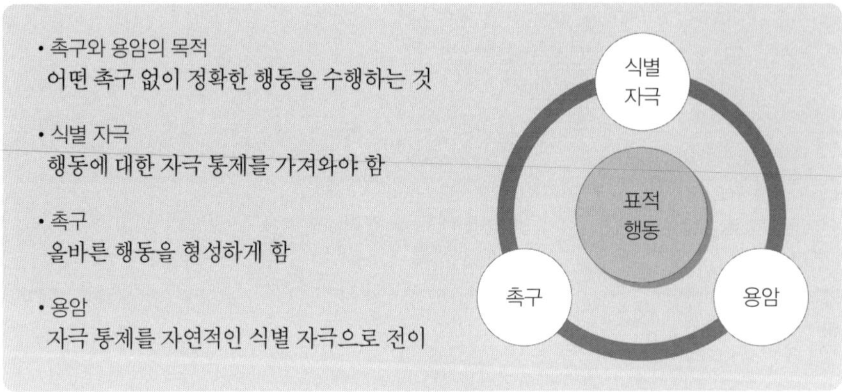

[그림 6-3] 촉구와 용암의 목적

않는다. 즉, 용암을 했다.

표적 행동에 대한 행동의 빈도를 올리기 위해 사용하는 방법이 촉구법으로 선행 자극을 조작을 한다. 촉구법은 올바른 행동을 형성하게 하며, 이 촉구법으로 표적 행동이 나타나면 용암법을 사용해서 자연적으로 식별 자극만으로도 표적 행동이 일어날 수 있도록 하는 것이 자극 통제에 대한 촉구 및 전이이다([그림 6-3] 참조).

3) 자극 통제에 대한 촉구의 종류

자극 통제에 대한 촉구를 다음과 같이 반응 촉구와 자극 촉구로 나눌 수 있다.

① 반응 촉구(response prompt)

식별 자극이 있는 가운데 원하는 반응을 일으키게 하는 어떤 행동을 반응 촉구라고 한다.

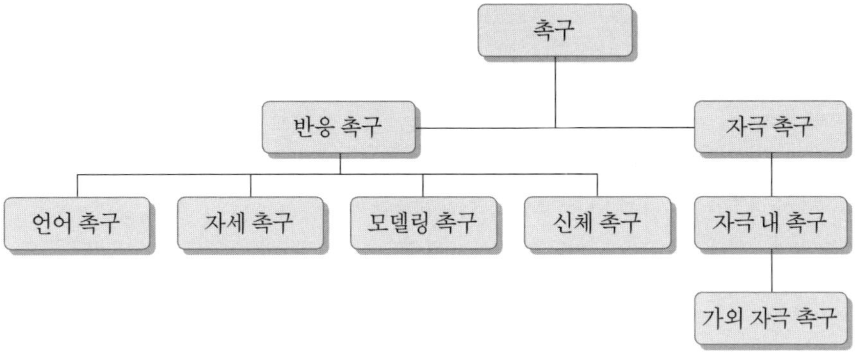

[그림 6-4] 촉구의 종류

- 언어 촉구: 언어로서 원하는 반응을 일으키게 한다면 언어 촉구이다. 아동에게 "입을 오므리세요. 그 다음에 입을 떼 보세요."와 같이 설명을 하는 과정이 언어 촉구이다.
- 자세 촉구: 시범을 보이거나 모델을 보여 주는 촉구이다. 이 자세 촉구의 예로, /ㅂ/ 정조음을 하기 위해 언어재활사는 입을 오므렸다가 터뜨리는 입모양을 제시한다. 이와 같이 자세 촉구는 직접적인 어떤 행동적 시범을 제공한다.
- 모델링 촉구: 언어 촉구가 힌트, 설명, 무엇을 해야 되는지 이야기를 해 주는 반면, 언어치료의 경우 목표 발화가 되는 언어에 대한 음성 모델을 제시하게 된다. 언어재활사가 "주세요."라고 모델을 제시하면 반드시 아동은 "주세요."라고 모방 발화한다. 이와 같이 똑같이 제시하는 것이 모델링 촉구이다.
- 신체 촉구: 아동이 정조음을 할 수 없다면 언어재활사가 자신의 손을 아동의 입술에 갖다 대는 것과 같이 직접적으로 신체에 어떠한 접촉을 하는 경우를 신체 촉구라고 한다.

이와 같은 촉구법 중 결과적으로 행동(B)을 유발하는 데 있어서 강제성의

반응 촉구의 유형	강제성의 정도
언어 촉구	가장 약함 ★
자세 촉구	보통 이하 ★★
모델링 촉구	보통 이상 ★★★
신체 촉구	가장 강함 ★★★★★

[그림 6-5] 반응 촉구의 강제성 정도

정도가 가장 큰 촉구법은 신체 촉구이며, 다음으로 모델링 촉구, 자세 촉구, 언어 촉구 순서이다. 따라서 처음 목표 행동에 대해 가장 강하게 촉구를 주기 위해서는 신체 촉구를 사용하며, 다음 단계로 모델링, 자세, 언어 촉구를 사용하는 것이 일반적이다([그림 6-5] 참조).

언어재활사가 아동에게 '차'라는 문자 카드를 제시하고 "자, 한 번 읽어 보세요."라고 하는 것은 반응 촉구의 한 방법인 '언어 촉구'를 사용한 것이다. 그리고 "/차/ 해 보세요."라고 하는 것은 /차/라는 완전 '모델링 촉구'를, 그리고 언어재활사가 소리는 내지 않고 '차'의 입모양을 제시하면 '자세 촉구'를 한 것이다. 또한 아동의 입을 살짝 손가락으로 갖다 대서 /차/라고 말을 하게 한다면 이것은 '신체 촉구'를 사용한 것이다. 이러한 방법은 모두 반응 촉구라고 할 수 있다.

② 자극 촉구(stimulus prompt)

자극 촉구는 자극에 대해서 조작하는 방법을 말한다. 자극 촉구는 올바른 반응을 더 잘하게 하기 위해서 자극을 변화시키는 방법이다. 자극 촉구법에는 '자극 내 촉구'와 '가외 자극 촉구' 방법이 있다. 자극 내 촉구는 식별 자극의 크기, 모양, 색깔을 변화시키는 방법이며, 가외 자극 촉구는 식별 자극에 다른 자극을 부가하는 촉구를 사용한다.

앞서 제시한 '차' 문자 읽기를 위한 자극 촉구법을 살펴보자.

- 자극 내 촉구: '차' 글자 옆에 차 그림을 그려서 문자 카드를 제시하는 방법을 '자극 내 촉구'라고 한다. 또 이 문자 카드 'ㅊ'은 파란색, 'ㅏ'는 붉은색으로 만들어서 자극을 변경시키는 방법도 자극 내 촉구이다.
- 가외 자극 촉구: 이 방법은 '차' 문자 카드 옆에 화살표를 그려서 화살표 순서대로 읽게 하는 방법이다.

4) 자극 통제의 전이

① 촉구 용암

자극 통제의 전이를 위해서 용암법을 사용한다. '차'라는 문자 카드는 식별 자극이며 가외 자극으로 화살표를 사용하였다. 이제 가외 자극인 화살표를 제거하고 반응 통제로 '차' 글자를 읽게 하기 위해 언어재활사가 아동에게 신체 촉구를 주었다면 이것도 용암시키고자 한다. 자극 통제인 가외 자극을 없애고 사용했던 촉구를 강도가 강제성이 강한 것에서 약한 것으로 변화시켜 촉구를 점차적으로 제거할 수 있다.

② 촉구 지연

반응을 나타내기 위해 식별 자극에 사용했던 촉구를 지연시켜 제시하여 점차 없애는 방법이 있다. 그래서 촉구를 사용을 했다면 그 촉구를 점차 용암시키고 전이시키는 방법을 통해서 표적 행동만 일어날 수 있도록 하는 단계로 나아간다.

③ 자극 용암

촉구 자체를 용암시켜서 제거시키는 방법이다.

5) 자극 통제의 사용법

구체적인 촉구 전이 사용법은 다음과 같다.

① 가장 적절한 촉구 전략을 사용하라.
② 학습자의 주목을 끌어라.
③ 식별 자극을 제시하라.
④ 올바른 반응을 촉구하라.
⑤ 올바른 행동을 강화하라.
⑥ 자극 통제를 전이하라.
⑦ 촉구 제거 후에도 계속 강화하라.

먼저, 어떤 촉구 전략이 가장 적절한지 결정해야 된다. 목표 행동에 대한 식별 자극이 있다. 이 식별 자극으로 무엇을 사용하느냐에 따라 정반응률은 90%, 80% 혹은 60%일 수도 있다. 언어치료 최종 목표는 90% 이상이 되어야 한다. 따라서 90% 이상의 목표를 달성할 수 있도록 식별 자극에 대한 통제를 해야 한다. 다음으로, 행동의 연쇄과정인 ABC를 고려한다. 식별 자극을 통제하고 후속 강화의 요인을 결정한다. 그러나 이러한 행동의 일련의 행동법을 적용하기 위해서는 주의집중이 되어 있어야 한다.

식별 자극만으로 행동이 형성되면 더 이상 촉구는 필요 없다. 그러나 식별 자극만으로도 올바른 행동이 유발되지 않는다면 촉구는 항상 제공되어야 한다. AB 단계에서 아직 자극 통제가 필요하다면 반드시 후속 강화가 필요하다. 올바른 행동 뒤에는 즉시 강화받을 수 있도록 한다.

촉구의 종류에 따라 강제성의 정도가 다르며, 식별 자극 이후 촉구가 바로 제시될 수도 있고, 또는 촉구를 좀 더 지연시켜서 식별 자극과 촉구 간 거리를 둘 수 있다. 그리고 촉구를 점차 용암시켜 없애는 방법을 사용하는 것이 자극 통제를 전이하는 방법이다.

또한 촉구가 주어지지 않은 반응에도 계속 강화해야 한다. 촉구 없이 식별 자극만으로도 행동에 대한 강화를 계속 해야 되고, 강화 일정은 연속 강화가 아닌 간헐 강화로 이어간다.

3. 행동연쇄법

행동연쇄법(behavior chaining)은 그림으로 나타내면 체인과 같은 모양이다. 세수를 하기 위해서는 수도꼭지를 틀고 두 손에 물을 받아 얼굴에 두 손을 갖다 대는 일련의 과정이 필요하다. '세수하기' 행동은 일련의 연쇄 과정으로 만들어진다. 일련의 행동들은 '과제 분석'이라는 방법으로 나누어진다. 마치 만화에서 보는 여러 장의 컷이 있는 종이를 넘기면 행동이 이어서 펼쳐지듯 행동연쇄법은 과제 분석으로 나누어진 행동들이 연결된 방법을 사용한다.

행동연쇄는 자극이 반응으로 다시 자극이 되고 이 자극이 다시 반응을 만들어 내고 이 반응이 다시 자극이 되고 자극이 다시 반응이 되는 일련의 연쇄적인 고리를 만들어 내는 연쇄로 행동이 이루어진다고 보는 것이다([그림 6-6] 참조).

1. SD1 주머니 안의 껌 → R1 주머니 속으로 손을 뻗는다.
2. SD2 주머니 안의 손 → R2 껌을 주머니에서 꺼낸다.
3. SD3 손에 든 껌 꾸러미 → R3 껌 하나를 꺼낸다.
4. SD4 손에 든 껌 하나 → R4 껌의 포장을 벗긴다.
5. SD5 손에 든 포장이 벗겨진 껌 → R5 입으로 껌을 넣는다. → 강화인 껌을 씹는다.

[그림 6-6] 행동연쇄의 예시-껌 씹기

1) 과제 분석

행동연쇄법을 행동수정에 적용하기 위해서는 과제 분석을 해야 한다. 행동연쇄를 자극과 반응 요소로 아주 잘게 나눈다. 과제 분석을 하기 위해서는 그 과제를 하고 있는 사람을 관찰하고 과제를 잘하는 사람에게 요청하여 구성 요소 반응을 기록한다. 예를 들어, 세수하는 다른 사람을 관찰하고 행동을 각각 일련의 단계를 나누어 목표를 세우고 강화를 통해 최종적으로 혼자 세수할 수 없는 사람에게 세안을 할 수 있도록 하는 것이 행동연쇄법을 이용한 방법이다. 그래서 행동연쇄법은, 예컨대 성인 지적장애 대상자가 도서관에서 일을 하는 등의 많은 일련의 직업생활 또는 언어생활에 대해서 행동연쇄법을 적용한다.

2) 행동연쇄법의 종류

① 후진형 행동연쇄

'세안하기'라는 행동을 스스로 할 수 있도록 과제 분석을 했고, 과제는 다음으로 구성되었다. '수도꼭지에 손을 갖다 댄다.' '수도꼭지를 오른손으로 올린다.' '두 손을 수도꼭지 물 앞에 둔다.' '머리를 숙인다.' '두 손으로 물을 세안을 할 수 있도록 받아낸다.' '두 손에 담긴 물을 얼굴에 댄다.' 후진형은 맨 마지막 표적 행동, 즉 '두 손에 담긴 물을 얼굴에 댄다.'부터 중재를 시작하고, 두 번째 중재의 목표는 '두 손으로 물을 세안할 수 있도록 받아낸다.'이다. 이전의 행동으로 시간을 돌아 가가는 것이 후진형이다. 이와 같이 후진형 행동연쇄법에서 언어재활사는 마지막 행동부터 먼저 지도한다.

② 전진형 행동연쇄

연쇄의 마지막 행동을 먼저 중재하고 그 후 이전 행동을 목표로 하는 방법이 후진형이라면, 이와 반대로 전진형 행동연쇄는 맨 처음부터 자극, 반응, 자극, 반응, 자극, 반응 연쇄를 이용해서 최종 목표 행동을 중재한다.

③ 전체과제 행동연쇄

매번 처음부터 끝까지 모두 연습하도록 하는 것이 전체과제 행동연쇄법이다.

장애 정도가 심할수록, 그리고 문제행동의 표적 행동을 하는 데 가장 어려움이 있을수록 후진형, 전진형, 전체과제 제시법 중 무엇을 사용하는가? 어려울수록 먼저 최종 목표 행동을 형성하게 하므로 후진형 행동연쇄법을 많이 사용한다.

④ 성문(written) 과제 분석, 그림 촉구, 자기 교수

행동연쇄를 하게 하기 위해 교수자는 식별 자극 단계에서 글로 제시하는 방법을 사용한다. 성인 의사소통 장애의 경우 이전에 할 수 있던 수행이 자의적으로 되지 않는다면, 예를 들어 냉장고에 본인이 해야 하는 단계를 써 놓는다. 또한 글이 아닌 그림을 그려서 과제 분석의 각 단계를 제시하는 방법도 있다. 스스로 말을 하면서 행동의 자극을 촉구하는 자기 교수 방법도 있다.

4) 행동연쇄의 사용법

행동연쇄 사용법은 다음과 같다.

① 연쇄 절차가 적절한지 결정하라.
② 과제 분석을 하라.
③ 학습자가 가진 능력의 기초선을 평가하라.
④ 사용할 연쇄법을 선택하라.
⑤ 연쇄절차를 실행하라.

⑥ 과제가 학습된 후에도 강화를 계속하라.

언어치료 대상자가 연쇄 절차를 적용하기에 적절한지 결정한다. 다음으로, 과제 분석을 한다. 그리고 행동의 연쇄에서 어디서부터 해야 하는지 기초선이 필요하다. 과제 분석이 되었다면, 이 과제 분석의 각 단계에서 대상자 능력에서 2~4단계는 바로 할 수 있다면 묶어서 진행을 해도 된다. 어떤 연쇄방법을 사용할 것인지 다음으로 결정한다. 이후 연쇄절차, 촉구나 용암법 등을 어떻게 사용할지를 고려한다. 또한 강화인과 강화 일정을 조절한다.

4. 행동기술 훈련 방법

행동기술 훈련의 몇 가지 방법에는 모델링(modeling), 교수(instruction), 시연(rehersal), 피드백(feedback) 등이 있다([그림 6-5] 참조).

모델링은 반응 촉구법으로서 목표 행동을 시범자가 시범을 보이는 것이다. 모델링은 어느 경우에 효과적이며, 모델링이 잘 되려면 어떻게 해야 되는가? 예를 들어, 너무 높은 음도의 목소리로 말하는 남성 성인 대상자가 있다. 이 대상자의 음도를 낮추어야 한다. 만약 언어재활사가 여성이라면 남성의 음도로 모델링을 제시해야 한다. 여성 언어재활사는 어떻게 성인 남성의

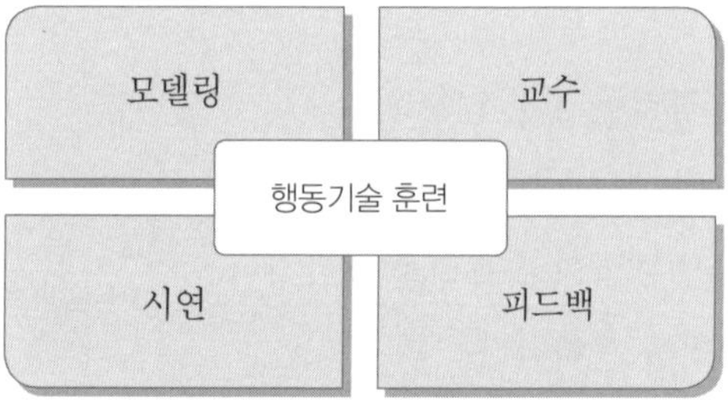

[그림 6-5] 행동기술 훈련 방법

음도로 모델링을 제시할 수 있을까? 기기를 사용해서 모델링을 제시할 수 있다. 또한 모델링은 주의 집중할 수 있는 상황이어야 된다. 필요할 때마다 반복할 수 있어야 하며, 일반화를 촉진하기 위해서 다양한 방법과 상황에서 모델링을 해야 한다. 그리고 행동을 반드시 모방할 기회를 제공해야 한다. 언어재활사가 "선생님을 따라해 보세요. /사과/"라고 하고 아동이 이 청각 모델링을 모방하지 못하고 가만히 있을 때 언어재활사가 곧바로 "자, 다시 해 보자. 다시 해 보자."라고 진행한다면 이는 검토가 필요하다. 이 아동은 5초 정도의 반응 시간이 필요할 수 있다. 반응에 필요한 시간이 충분히 주어졌는지 기다려 준 후에 모델링에 대한 아동의 반응을 반드시 확인해야 한다. 또한 대체로 교수와 모델링이 동시에 제공될 때 학습의 가능성이 높아진다.

시연은 대상자가 충분히 목표 행동에 대해서 연습하는 단계이다. 따라서 성공할 수 있는 행동부터 연습시키고, 시연 뒤에는 반드시 즉각적인 강화를 제공해야 한다. 부정확한 시연에서는 교정 피드백을 제공한다.

피드백 또한 언어치료 과정 중 중요한 행동기술 훈련 방법이다. 언어재활사는 행동이 맞는지 틀렸는지 피드백을 주게 된다. 피드백은 행동이 일어난 즉시 제공되는 '즉각성'이 있어야 한다. 행동이 부족할 경우 교정을 해 주어야 하며, 성공했을 경우에는 칭찬해야 한다. 언어치료 영역에서 피드백은 시각적 피드백, 청각적 피드백, 촉각적 피드백 등 여러 종류의 생체 피드백을 사용할 수 있다.

핵심 퀴즈

Q1. 행동형성법에 대한 내용으로 볼 수 없는 것은?

① 행동형성 단계를 설정해야 한다.
② 시작 행동은 표적 행동과 상관있어야 한다.
③ 문제가 심각할 경우 후진형 형성법을 사용한다.
④ 점진적인 접근법을 사용한다.

Q2. 학습자에게 목표 행동을 연습할 기회를 제공하는 것을 무엇이라고 하는가?

① 피드백
② 촉구
③ 교수
④ 시연

Q1. ③ Q2. ④

7장 행동수정의 원리와 절차 3

학습목차

1. 기능평가를 이용한 문제행동 이해
2. 소거의 응용
3. 차별강화
4. 선행통제 방법
5. 벌: 타임아웃과 반응대가

학습목표

1. 기능평가를 위한 방법을 알고 문제행동에 대한 기능분석을 사용한다.
2. 소거, 차별강화, 선행통제, 타임아웃과 반응대가의 원칙을 안다.
3. 소거, 차별강화, 선행통제, 타임아웃과 반응대가 적용에 따른 문제행동 중재를 실시할 수 있다.

1. 기능평가를 이용한 문제행동 이해

1) 기능평가로부터 얻는 정보

인간 행동은 ABC 연쇄 반응으로 이루어지며, A는 선행 사건, B는 행동, 그리고 C는 그 행동의 결과로 이루어지는 후속 자극이다. 일련의 행동들에 대해 행동(B)의 증가/감소를 위해서 행동수정 기법을 적용하며, 이를 위해서 분석, 즉 기능평가를 해야 한다. 기능평가로 ABC 3단계 행동 연속에 대한 객관적인 정의와 설명이 가능하며, 행동, 동기 변인, 잠재 강화인에 대한 정보를 파악할 수 있다.

2) ABC 관찰 검목표

실제 상황을 녹화하여 ABC 관찰 검목표를 이용한 관찰을 직접 관찰 분석법이라고 한다. 직접 관찰의 검목표는 A, B, C로 이루어져 있다. 먼저 대상자의 문제행동(B)이 무엇인지 기록한다. '소리 지르기'의 선행 사건(A)가 일대일 시간, 예를 들어 치료사 또는 교사와 있을 때 인지, 집단 활동인 또래 놀이 시간인지 분석한다. 일대일 시간에 대상 아동이 소리 지르기를 하고 나면 어떤 결과가 나타나는지 그 결과로 교사의 관심이 있는지, 자기가 원하는 물건을 획득하는지를 기록하여 분석하는 것이 ABC 관찰 검목표이다([그림 7-1] 참조). 이 검목표 안에는 누가 기록을 했는지, 그리고 문제행동이 언제 발생을 해서 그 선행 사건의 결과가 어떠했는지 기록할 수 있도록 구성되어 있다. 분석을 통해 문제행동을 구체화시킬 수 있고, 문제행동을 일으키는 선행 사건이 무엇이고 그 이후 후속 결과가 무엇인지, 그리고 아동의 후속 강화인으로서 교사의 관심 또는 물건 획득이 중요한 것인지 알 수 있다. 이를 통해 아

문제행동		선행 사건		결과			
소리 지르기	또래 때리기	일대일 시간	집단 활동	교사의 관심	물건 획득	기록자	시간
0		0		0		P	10:10
	0	0		0		P	10:00
0			0	0	0	P	11:00
0		0		0		P	11:30
0		0		0		P	11:00
	0	0		0		P	11:00

[그림 7-1] ABC 관찰 검목표 예시

동의 표적 행동을 정의하고 표적 행동에 따른 잠재 강화인으로 사용하는 방법이 될 수 있다.

기능평가를 위해 ABC 관찰 검목표를 이용한 직접적인 관찰 방법도 있지만, 설문지나 면접을 통한 방법들도 있다.

2. 소거의 응용

1) 소거

소거(extiction)는 어떤 행동을 강화시키는 결과를 제거했을 때 그 행동의 빈도를 감소시키는 결과를 가지고 온다. 바람직하지 못한 행동을 없애고자 할 때 소거법을 사용한다. 예를 들어, 수업 시간에 과제를 제시하면 안 하겠다고 하고 욕설을 하는 대상자가 있다. 과제 분석을 하니, 교사가 '과제를 하세요. 수학 문제를 푸세요.'라고 말을 하니 대상자가 과제를 거절하고 욕설을 한다. 그러자 교사는 대상 아동의 자리로 와서 "뭐가 문제니?"라고 말한다.

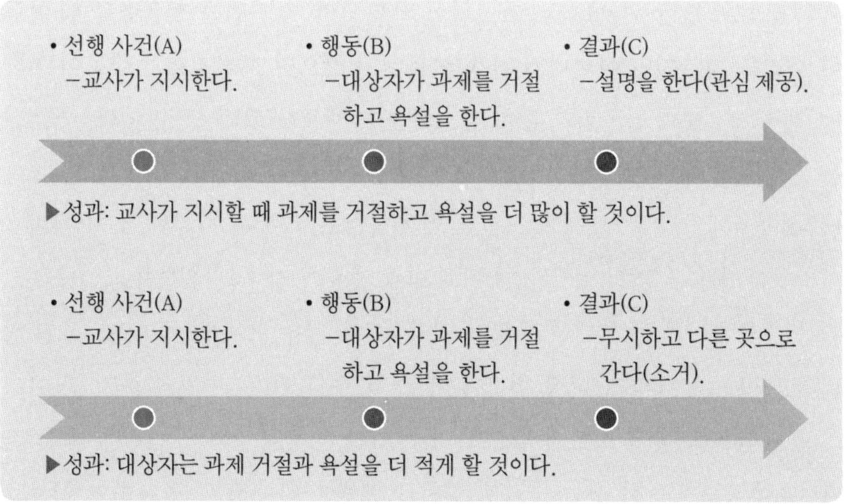

[그림 7–2] 소거의 예시

기능평가 분석 결과, 교사가 지시할 때 대상자는 과제를 거절하고 욕설을 더 많이 할 것이라고 분석되었다. 이제 후속 자극 방법으로 관심을 제공하지 않는 무시하는 방법을 사용하였고, 여전히 교사의 선행 사건은 동일하다. 선행 사건이 변화된 것이 없으니 대상자의 행동은 여전히 과제를 거절하고 욕설을 한다. 그러나 이 문제행동에 대해 교사는 무시하고 다른 곳으로 가버렸다. 그러자 대상자는 본인이 관심을 받지 못하므로 욕설을 더 적게 하게 되었다. 이와 같은 사례가 바로 소거를 적용한 것이다([그림 7–2] 참조).

2) 소거의 사용 단계

소거법의 사용 단계는 다음과 같다. 첫째, 치료 효과를 평가하기 위한 자료를 수집한다. 자료 수집을 위해 직접적인 기능평가 또는 간접적인 기능평가를 진행한다. 그래서 소거법을 사용한다면 소거법을 사용하기 전과 사용 후의 데이터를 반드시 기록해야 한다. 소거 절차를 사용하기 전 아동의 소리지르기가 하루 평균 9~11회로 기초선이 확인되면, 소거법을 적용했을 때 아동이 소리를 지르지만 어머니가 관심을 보이지 않으니 소리지르기 행동이 첫째 날, 둘째 날, 셋째 날 5회와 같이 감소하는 그래프를 그려 낼 수 있다. 기초선을 평가하기 위해서는 관찰만 한다. 일례로, 첫째 날 소리 지르기 10회, 둘째 날 9회, 셋째 날 7회, 넷째 날 5회로 기록되었고, 다섯째 날부터 소거 기법을 시작한다면 옳은 것인가? 문제행동의 발생 횟수가 감소하는 경향을 나타내고 있는 상황에서는 처치도 하지 않고 있다. 이와 같은 경우에는 치료를 하지 않더라도 아동이 어쩌면 다섯 번째 날 감소할 수도 있다. 처치를 하기 전 이미 그 문제행동의 발생 빈도가 감소하면 기초선 단계에서 계속 관찰을 해야 한다. 바람직하지 못한 행동이 감소 경향을 계속 나타내고 있기 때문에 곧바로 처치를 해서는 안 된다.

둘째, 기능평가로 문제행동에 대한 강화인을 확인해야 한다. 강화인 확인과 관련해서 ABC 기능평가로 3단계 연속 관계를 확인한다. 특히 소거 절차의 성공 여부는 문제행동을 유지시키는 특정 강화인을 소거해야 하기 때문이다. 소거는 ABC에서 강화인(C)을 없애는 것이므로 후속 강화인에 대한 확인이 반드시 필요하다.

셋째, 문제행동 발생 후에 강화인을 제거한다. 이미 기능평가를 통해 강화인을 소거시키기로 결정을 해서 소거법을 적용하면 강화인이 작동 되는지 확인한다. 그리고 소거법을 적용할 때는 강화인을 제거할 수 있는지 없는지, 사용을 해도 안전한지, 소거 발작에 대비할 수 있는지, 일관성을 유지할 수 있는지에 대한 답을 할 수 있어야 한다. 소거법을 사용하는 거의 모든 행동에 대해서는 소거 발작에 대한 저항들이 있다. 이 부분에 대해 대비할 수 있는지, 예를 들어 첫째 날, 둘째 날에는 무시를 할 수 있었는데 계속해서 문제행동을 감소시키는 치료 효과가 나타나기까지 일관성을 유지할 수 있는가 하는 질문에 바로 답을 할 수 있어야 소거를 사용할 수 있다.

넷째, 소거법을 사용하기 위해서는 강화계획을 고려해야 한다. 이미 문제행동은 일반적으로 후속 강화가 이루어지고 있다. 간헐적 강화보다는 연속적 강화를 하고 있을 때 그 문제행동에 대해 소거법을 적용했을 경우에 바로 문제행동의 빈도를 감소시키는 소거가 빠르게 이루어진다. 그러므로 문제행동에 대한 후속 강화가 어떻게 진행되고 있는지 고려해야 한다.

다섯째, 대체행동을 강화한다. 소거법을 적용하는 데 있어서 ABC 3단계 연속에서 후속 강화를 제공하지 않고 무시하면 대상자는 부적절한 행동에 대해서 무시를 당하지만, 바람직한 행동(B)을 할 때에는 어떻게 해야 하는가? 부적절한 행동에 관심을 보였던 것을 적절한 행동(B)에 대해 관심을 보이는 것으로 차별강화를 한다. 앞 장에서 제시한 사례에서 부적절한 소파에서 뛰어놀기라는 부적절한 행동에 대한 대체행동(B)을 강화하는 절차를 함께 사용한다.

여섯째, 소거 종결의 단계는 일반화 단계와 유지 단계로 정리된다. 언어치료실에서 일반화는 언어재활사와 대상자가 치료실 내에서의 학습에서는 효과를 보이지만 아동이 놀이터와 같은 놀이 상황에서 일반화가 되는지 되지 않는지, 또는 일상생활에서의 자발 발화 단계에서 일반화가 되는지 중요한 문제가 되며, 치료실 밖 모든 기타 상황에서 효과를 보이는 것을 일반화라고 한다. 그리고 소거를 통해서 목표 행동이 만들어졌으면 유지되어야 한다. 일반화와 유지를 촉진하기 위해 무시 전략을 사용한다면 치료실 내에서 교사뿐만 아니라 가정 내, 그리고 기타 모든 환경에서 방법을 일관성 있게 사용할 수 있도록 한다. 그리고 그것을 유지시키기 위한 전략들을 지속한다.

3. 차별강화

1) 대체행동 차별강화

이제 바람직한 행동을 증가시키거나 바람직하지 못한 행동을 감소시키기 위한 차별강화법에 대해서 알아보자. 차별강화 중 대체행동 차별강화(Differential Reinforcement of Alternative behavior: DRA)는 대체행동, 즉 다른 행동에 대해서 차별적으로 강화하는 것이다. DRA는 바람직한 행동의 빈도는 증가시키고, 즉 문제되는 행동에 대해 대체되는 다른 행동에 대해서는 빈도를 증가시키려 하고 이제 바람직하지 않는 행동의 빈도는 감소시키는 것이다.

DRA의 예를 들어 보자. 간호사와 환자가 있다. 환자가 "참 기분이 좋아 보이네요."라고 말을 하는 경우가 있고, "날씨가 왜 이래, 날씨가 왜 이렇게 흐리지?"라고 하면서 불평을 할 때가 있다. 이때 간호사가 환자의 긍정적인 말에 대해서 "오늘 기분 어떠세요."라고 하면서 관심을 보이고 환자의 부정적

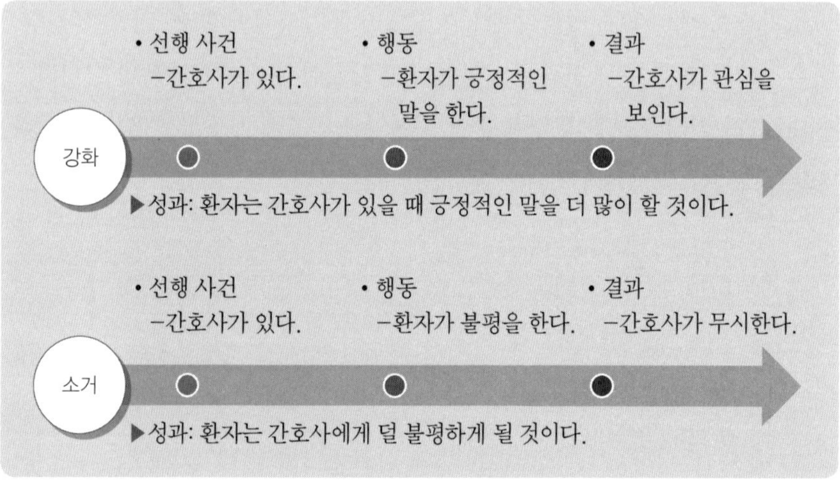

[그림 7-3] 대체행동 차별강화(DRA)의 예시

인 말에 대해서는 대답을 하지 않으면, 바로 이것이 DRA이다. 즉, 대상자의 긍정적인 말에 대해서 관심을 보이는 후속 강화를 하고, 불평을 하면 무시를 하는 소거법을 사용한 것이다([그림 7-3] 참조).

2) 대체행동 차별강화의 절차

대체행동을 강화하겠다면 제일 먼저 바람직한 행동을 정의해야 한다. 그런 다음 차별적으로 강화를 주지 않을 바람직하지 않는 행동을 정의한다. 행동이 정의되어야 강화인을 제공하는 것과 강화인을 제공하지 않는 것이 분명해지고 명확해진다. /ㅅ/를 정조음하는 것이 목표인데, /사과/를 /샤과/라고 발음하는 아동이 있다. 이와 같은 경우, 대상자의 수준에 따라 단계에 근거해서 /샤과/를 목표 발음이라고 정의하여 강화를 줄 수도 있지만, 바람직하지 않는 언어 행동으로 보고 강화를 받지 못할 행동이 될 수 있다. 이제 강화인을 확인해야 한다. 강화인은 DRA 절차에 따라 적용한다. 바람직한 행동을 강화하므로 직접 관찰이나 내담자와의 상담을 통해 강화인을 확인한다.

바람직한 대체행동이 발생했을 경우에 일관성 있게 강화하며, 이에 따라 바람직한 행동의 강화가 지연되면 DRA 효과는 감소된다. 그러므로 연속적인 강화 계획에 따라 대체행동, 즉 바람직한 행동은 일어날 때마다 연속적으로 즉시 강화한다.

바람직하지 않는 행동은 강화하지 않아야 한다. 또한 표적 행동을 유지시키기 위해서는 강화 일정을 간헐 강화로 변경한다. 초기에는 강화 일정을 행동의 빈도를 높이고 바람직한 행동을 형성하기 위해 연속 강화를 사용한다. 그러나 행동의 연속성이 나타난 것으로 판단되면 간헐적 강화 계획으로 조정한다. 그 다음으로 표적 행동에 대해 유지/일반화를 반드시 계획한다. 단순히 언어재활사가 있는 치료 상황뿐만 아니라 다른 자극 상황에서도 표적 행동이 발생할 수 있도록 하는 것이 일반화 과정이다. DRA가 훈련 상황에서 효력 있게 발생을 하더라도 다른 상황에서 효력 있게 발생하지 못한다면, 그 치료는 무의미하다.

3) 대체행동 차별강화의 종류

DRA에는 상반행동 차별강화, 타행동 차별강화, 그리고 의사소통 차별강화가 있다([그림 7-4] 참조). 상반행동 차별강화(Differential Reinforcement of an Incompatible behavior: DRI)는 행동과 상반되는 행동이다. 타행동 차별강화(Differential Reinforcement of Other behavior: DRO)는 A행동과 다른 B, C, D, E 행동으로 DRO라고 한다. 마지막으로 의사소통 차별강화(Differential Reinforcement of Communication: DRC)는 행동 대신 언어행동을 지칭할 때를 말한다.

① 상반행동 차별강화(DRI)

A행동이 바로 연결되어 있는 상반행동(incompatible behavior)을 하면 A행동을 할 수 없다. 그래서 동시에 발생할 수가 없는 행동을 상반된 행동이라고 한다. 예를 들어, 아동이 손으로 머리를 때리는 부적절한 행동이 있다. 이 행동에 대해 바람직한 다른 상반행동으로 손으로 장난감을 가지고 노는 것을 설정한다. 즉, 장난감을 가지고 놀면서 머리를 때리지 못한다. 물론 장난감을

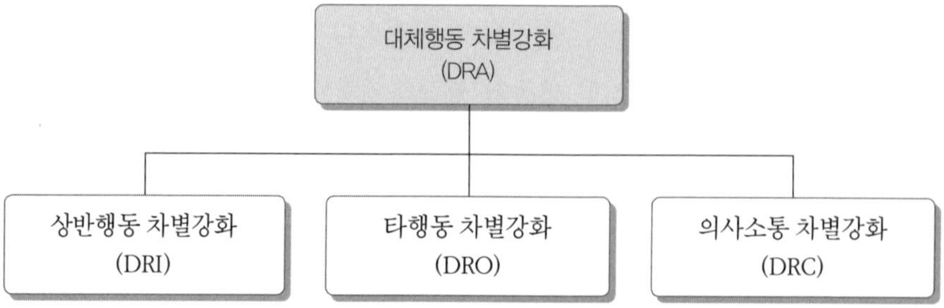

[그림 7-4] 대체행동 차별강화(DRA)의 종류

가지고 머리를 때릴 수 있지만 손으로 머리를 때리는 것과 손으로 장난감을 가지고 노는 행위는 함께 발생할 수 없는 행위이므로 상반행동이라고 할 수 있다. 손으로 머리를 때리는 행동 대신 상반되는 장난감으로 가지고 노는 행동을 강화시켜 준다. 장난감을 가지고 놀 때는 부모가 같이 놀아주고, 손으로 머리를 때릴 경우 무시한다면 DRI를 사용한 것이다.

② 의사소통 차별강화(DRC)

DRC는 문제행동 대신에 의사소통 반응을 하게 되면 강화를 받는 것이다. 바람직하지 못한 행동으로 아동이 책상을 두드리는 행위가 있다. DRC가 적용될 경우 아동이 의사소통으로 표현을 할 때 교사가 관심을 가지는 강화를 받게 되고, 책상을 두들기게 되면 교사가 관심을 가지지 않는 소거법 적용을 한다.

③ 타행동 차별강화(DRO)

DRO는 DRI와 구분되어야 된다. DRI는 A 행동과 A'행동이 상반되는 행동으로 규정된다. DRO는 A 행동과 그밖에 문제행동이 아닌 행동들, 즉 대상자에게 인정할 수 있는 행동들로 손으로 머리를 때리는 것 이외에 다른 모든 명시되어 있는 행동에 대해서는 강화를 주겠다는 것이다. 이에 따라 문제행동 후에는 더 이상 강화인이 제공되지 않고, 문제행동이 발생하지 않는 일정한 시간 외에는 강화인이 제공된다. 즉, 문제행동이 아닌 다른 행동에 대해서는 강화인이 제공된다. 그래서 대상자는 강화를 받을 수 있는 행동들을 계속 하게 되고, 강화받지 못하는 행동은 하지 않게 된다. 이에 따라 문제행동 시간은 짧아져 점차 감소하고, 해도 괜찮은 행동 시간이 길어진다는 원리가 DRO이다. 최종적으로 문제행동 발생은 소거 또는 감소하게 된다. 그래서 DRO는 결과적으로 문제행동이 없을 경우 강화받는 것으로 결론지을 수 있다.

DRO 시 먼저 문제행동에 대한 강화인을 확인을 해야 한다. 3단계 연속에서 DRO는 후속 강화(C)로 행동(B)을 조절한다. 그렇기 때문에 강화인을 항상 선택을 하고 강화인을 실험적으로 조작한다. 강화인이 확실하다면 대상자가 문제행동을 하지 않은 다른 행동에 대해서 DRO 절차를 유관적으로 사용하면 이 강화인이 유효하게 작용하게 된다. 다음으로, DRO 초기에 시간 간격을 결정해야 한다. DRO는 다른 행동에 대해서 강화를 하고 문제행동에 대해서는 강화를 하지 않는 것이기 때문에 초기에 문제행동이 자주 발생하면 DRO 시간 간격이 짧다. 그러므로 초기에 기능평가 분석을 통해 시간 간격을 정해서 언제 강화인이 제공 가능할지를 결정하는 것이 바람직하다.

4) 강화 비율에 따른 차별강화법

① 저반응률 차별강화

문제행동의 비율이 기준치로 감소했을 때 강화인을 제공하는 방법으로 행동의 빈도가 낮으면 강화를 받을 수 있는 방법이다. 그래서 저반응률 차별강화는 문제행동 횟수가 낮게 나타나도 묵인할 수 있는 행동이어야 한다. 예를 들어, 언어치료 중 대상 아동이 계속해서 질문을 한다. "선생님, 이 카드는 어디서 샀어요?" "이 카드는 왜 네모예요?" "선생님, 왜 오늘은 이 카드로 공부를 해요?" 언어재활사가 제시하는 자극에 이와 같은 불필요한 질문을 하는 아동이 있다. 치료 중 대상자가 질문을 하는 행위는 활발한 치료 활동을 만들어 내는 하나의 요소이기는 하지만 이 횟수가 너무 빈번하여 언어치료 상황을 방해할 때 저반응률 차별강화를 사용할 수 있다.

② 전 회기 차별강화, 특정 반응시간 차별강화, 간격 차별강화

특정 기간 내에 특정 반응 수보다 적게 발생할 경우에 강화를 제공하는 것을 전 회기 차별강화라고 한다. 예를 들어, 불필요한 40분 동안의 치료 시간 동안 아동이 질문을 15번까지만 하면 아동에게 장난감을 제시하는 방법이다. 특정 반응 시간 차별강화는 특정 시간 간격을 정하고 차별강화를 하는 방법이다. 간격 차별강화는 어떠한 간격을 두고 그 간격에 정해진 시간 내에 따라서 강화를 제공하는 방법이다.

4. 선행통제 방법

선행통제 방법은 ABC 연속 단계에 있어서 강화받을 수 있는 바람직한 행동을 유발하고 그리고 바람직하지 않은 행동을 감소시키기 위해 선행 자극을 조작하는 것이다. 바람직한 행동을 증가시킬 수 있는 자극에 대해서는 보충자극을 제시하거나, 자극력을 높이기 위해서 유인력을 배열하거나, 또 바람직한 행동을 만들어 낼 수 있는 반응 노력을 감소시킨다([그림 7-5] 참조). 선행통제 방법을 자세히 살펴보면 다음과 같다.

선행 조작인		예시: 성적 향상시키기
• 식별 자극이나 보충 자극(단서) 제시 • 유인력 배열 • 반응 노력 감소시키기	➡	• 도서관 가기, 공부 시간 기록, 친구와 함께 공부하기 • 계획표를 붙이고 지나간 날에 ×표시하기 • 가방에 학습 교재를 넣어 다니기

[그림 7-5] 선행통제 방법 예시

1) 식별 자극 또는 보충 자극 제시

성적 향상을 위해 '4시간 이상 학습하기'로 행동 동사를 정하고 이에 대한 선행 조작인으로 식별 자극이나 자극에 대한 보충적인, 행동에 대한 유발을 높일 수 있는 단서를 조작한다. 이 목표에서는 선행 조작인으로 '도서관에서 4시간 이상 학습하기' '공부 시간을 기록하면서 4시간 이상 학습하기' '친구들과 4시간 이상 학습하기'와 같은 자극을 사용할 수 있다.

2) 유인력 배열

다음으로 또 어떠한 방법을 사용해 볼 수 있느냐 하면 유인력 배열 방법이다. '성적 향상을 위해 공부 시간 늘리기'를 위한 유인력 배열의 예는 다음과 같다. 책상 앞에 계획표를 붙여 두어 시각적으로 배열시키기, 스터디플래너를 작성하고 공부한 것에는 ×표시하기 등이다.

3) 반응 노력 감소시키기

앞의 예에서 성적을 향상시키기 위해서는 학습 교재를 책장에 꽂아 두기보다는 가방에 넣어 항상 들고 다니며 시간이 날 때마다 공부하는 방법을 사용할 수 있다. 이는 바람직한 행동을 유발하기 위한 반응 노력을 감소시키는 방법이다.

4) 차별 자극, 단서 조작

바람직하지 못한 행동이어서 빈도를 감소시켜야 하는 경우, 식별 자극(A) 단서에 행동(B)이 일어날 수 있으므로 그 단서를 제거해야 한다. 예를 들어, 식사 시간 전에 과자를 먹는 게 문제가 된다면 과자를 치워 두어야 하고, 식사를 하는 장소에서 너무 눈에 잘 띄는 곳에 두지 말아야 한다.

반면에 바람직한 행동에 대해서는 단서를 식별할 수 있게 해야 한다. 바람직한 행동을 유발할 수 있는 식별 자극이나 항상 명심할 수 있도록 단서를 제시하는 방법을 사용한다. 예를 들어, 영양제를 잘 챙겨 먹어야 한다면 항상 눈에 띄는 곳, 손이 쉽게 닿는 곳에 배치한다.

언어치료 상황에서는 아동과 유기적인 관계를 형성하며, 아동이 주의집중을 하지 못하는 단계에서 선행 통제를 잘 사용할 수 있어야 한다.

5) 유인력 조작

문제행동을 유지시키는 강화 유인력은 제거 또는 감소시켜야 하며, 반대로 바람직한 행동을 유지시키는 강화인은 만들거나 증가시켜야 한다. 바람직한 대체 행동에 대해서는 반응 노력을 증가시키는 것이 아니라 감소시켜야 하며, 문제행동에 대해서는 그 행동을 하기 위한 노력을 증가시키도록 조작함으로써 전체적인 통제가 가능해진다.

5. 벌: 타임아웃과 반응대가

1) 타임아웃

타임아웃 방법은 일정 장소나 시간을 두어서 문제행동을 일으키는 강화인에 접근을 하지 못하도록 하는 방법이다. ABC 단계에서 타임아웃은 문제행동(B)을 유발하는 후속 강화인에 대해서 접근을 막아 그 문제행동(B)이 줄어들 것이라고 보는 이론적 기초하에 사용한다.

① 배제적 타임아웃

후속 강화인으로부터 완전히 격리되는 것이다. 예를 들면, 유치원 A 방에서 아동이 또래와 놀면서 자기 장난감이라고 우기면서 싸움이 일어났다. 유치원에는 A 방과 B 방이 있다. 이 대상 아동을 B 방으로 가게 하는 것이 배제적 타임아웃이다.

②비배제적 타임아웃

후속 강화인으로부터 완전히 격리되는 것이 아니라 접근을 어느 정도 못하게 하는 방법이다. 앞의 예에서, 자기 장난감이라고 우기는 아동을 A 방의 한편에 놓인 의자에 앉아 있게 하는 방법이 비배제적 타임아웃이다.

③ 타임아웃 사용 시 고려사항

타임아웃을 사용할 때 다음과 같은 사항을 고려해야 한다.

첫째, 문제행동이 지금 타임아웃을 사용하기에 적절한지 확인한다. ABC 단계에서 문제행동에 대한 강화인(C)이 대상자가 원하는 것인지가 중요하다. 앞서 제시한 배제적 타임아웃의 예를 살펴보자. B 방으로 옮겨서 배제된 대상 아동이 B 방에 다른 장난감에 있어서 혼자 가지고 놀 수 있는 상황이 된다면 이 타임아웃은 부적절한 것이 된다. 또한 앞서 제시한 비배제적 타임아웃을 받는 아동이 또래 아동과 놀기보다는 혼자 가만히 있는 것을 더 좋아하는 아동이라면 이 역시 타임아웃을 사용하기에 부적절하다.

둘째, 특정 상황에서 타임아웃이 실제적인가를 고려한다. 대상 아동을 A 방에서 B 방으로 옮길 경우, B 방이 아동 혼자 있어도 안전한 곳인지, 어떤 부적절한 문제가 발생되지는 않는지 살펴야 한다. 또한 B방으로 옮길 때 아동이 저항을 할 경우에 어떻게 해야 할지 고려해야 한다. 그 밖에 타임아웃 장소가 부적절해서 대상 아동을 복도에 세워 둘 때 발생할 수 있는 문제가 있는지 검토한다. 또한 타임아웃 시간은 너무 길면 안 된다. 발달 연령에 따라 타임아웃 시간을 고려해야 하며, 1~10분 정도가 적절하며 시간을 더 연장한다면 1분 정도가 바람직하다.

셋째, 타임아웃으로부터의 도피를 막을 수 있는지를 고려한다. 타임아웃을 시켰는데 그동안 아동이 B 방에서 스스로 다른 어떤 장소로 이동할 가능성이 있다면 그러한 장소는 부적절하다.

넷째, 타임아웃 동안에 상호작용을 피할 수 있는가를 고려한다. 타임아웃은 ABC 단계에서 후속 강화(C)를 막는 것이다. 타임아웃을 받은 대상자는 어떠한 상호작용을 해서도 안 되는 것을 전제한다. 또한 타임아웃은 무시나 소거 절차가 아니다. 그러므로 대상자의 보호자가 있다면 타임아웃을 실시하는 동안 보호자의 수용 가능 정도도 사전에 확인해 둔다.

3) 반응대가

"네가 오늘 /사과/라고 3번 틀리게 말하면 좋아하는 장난감 3개 중에서 2개를 선생님이 차례대로 뺏는다."라고 하는 것이 반응대가 방법이다. 반응대가는 미래에 문제행동의 발생 가능성을 감소시키는 결과를 가져오는 부적 벌이라고 할 수 있다. 그러므로 반응대가에서는 앞의 예처럼 강화인의 손실, 즉 3개 중 2개를 빼앗거나, 주기로 했던 것을 주지 않는 등의 방법을 사용한다. 반응대가는 대상자가 대가를 받아야 하는 것을 손실한다면 그 손실에 대해서 굉장히 아쉬워야 하고 그 반응대가에 대해서 원하는 것이어야 한다. 따라서 강화인과 강화량을 확인하고, 강화량은 문제행동을 감소시킬 정도로 충분히 크고 매력적이어야 한다. 강화인 상실의 경우, 즉시 그 강화인을 뺏을 것인지, 몇 개의 강화인을 제시해 놓고 마지막으로 강화인을 뺏는 방법을 사용할 수 있다.

그리고 강화인 상실이 윤리적인지 고려한다. 타임아웃 고려사항에서 신체적 손상이나 윤리적인 문제를 고려하듯이, 반응대가 측면에서도 이를 고려하여야 한다. 대상자를 너무 비난하거나 곤란하게 하는 반응대가는 부적절하다.

핵심 퀴즈

Q1. 의자를 두드리는 문제행동을 제외한, 다른 모든 행동에 대해 강화를 한다면 이 강화법은 무엇인가?

① 의사소통 차별강화
② 타행동 차별강화
③ 소거
④ 상반행동 강화

Q2. 아동이 좋아하는 장난감 자동차 10개를 치료 시작 전에 아동에게 주고, 아동이 치료 시간 동안 문제행동을 보일 때마다 이 자동차를 1개씩 언어재활사에게 되돌려 주게 하는 방법을 무엇이라고 하는가?

① 반응대가
② 소거
③ 저반응률 차별강화
④ 유인력 배열

Q1. ② Q2. ①

8장 언어치료 프로그램의 설계

학습목차

1. 문제행동 언어재활
2. 언어치료 프로그램의 단계화
3. 의사소통 행동 유발
4. 프로그램 구성 요소

학습목표

1. 행동분석에 근거하여 의사소통 문제행동을 언어장애 영역별로 구분할 수 있다.
2. 언어치료 프로그램을 단계화할 수 있다.
3. 의사소통 행동 유발을 알고 실시할 수 있다.
4. 언어치료 프로그램 구성 요소를 행동분석에 근거하여 제시할 수 있다.

1. 문제행동 언어재활

의사소통 목록이 없다면 새로운 의사소통 행동을 만들어야 하며, 바람직한 행동은 있으나 빈번하지 못하면 행동의 빈도를 증가시키는 것이 필요하다. 이후 의사소통 행동은 일상생활에서도 행동을 강화하고 유지하는 단계가 요구된다.

행동수정 기법이 적용된 언어치료 프로그램에서는 단계를 구분한다. 조음장애의 경우, 음의 식별, 음의 구분, 독립음 수준에서의 산출, 독립음과 모음결합 단계에서의 음의 산출로 단계를 구분하고 진행된다. 새로운 낱말 산출의 예를 살펴보자. 3세 아동이 대부분 일어문으로 말을 하고 있다. 정상 언어발달과 비교해 볼 때 이 수준은 부적절한 의사소통 행동이다. '물'이라고 산출하는 문제는 '물 주세요.'와 같은 이어문 수준으로 향상시켜야 한다. 이어문이 새롭게 만들어지면 이어문을 계속 산출할 수 있도록 이어문을 증가시켜야 하고, 증가시키는 단계에서 확립 단계가 필요하다. 확립은 치료실 내에서 아동이 언어재활사와 이어문 산출을 할 수 있는 단계이다. 확립 다음에는 전이 및 유지 단계로 진행된다. 확립은 치료실 내에서 언어재활사와 형성된 것이지만, 전이 및 유지 단계에서는 일반적인 아동의 의사소통 상황에서 이어문 이상의 문장을 산출하는 정상 아동 발달 수준의 언어 표현을 하게 한다.

언어장애 영역을 언어발달장애, 조음음운장애, 음성장애, 유창성장애로 구분한다([그림 8-1] 참조).

첫째, 언어발달장애 아동이 언어로 무엇을 표현하지 않고 몸짓으로만 표현하고 있다면 이는 바람직하지 못한 의사소통 행동이다. 예를 들면, 언어로 표현하지 못하고 울음으로 자신의 상태를 표현한다. 낱말을 적절하게 사용하지 못하고 부적절하게 사용하는 경우로 의미에 맞지 않는 낱말, 문법에 맞지 않는 문장 산출은 바람직하지 못한 의사소통이 된다. 그리고 화용적으로 부

[그림 8-1] 문제행동 언어재활

적절한 사회적 언어 사용을 한다면 이 또한 부적절한 의사소통이 된다.

둘째, 조음음운장애에서 부적절한 의사소통 행동은 음의 대치, 생략, 왜곡의 형태로 나타나는 오조음이다. 오조음 패턴은 독립음 수준뿐만 아니라 문장 수준, 대화 수준에서 나타난다.

셋째, 음성장애는 음도, 강도, 음질의 문제로 정의할 수 있다. 부적절한 음도, 강도가 너무 크거나 작은 문제들, 음질적인 측면에서 너무 거친 음성들, 공명 측면에서 코맹맹이 소리를 낸다거나 과다 · 과소 공명은 문제가 된다. 또한 크게 목소리를 내어 음성을 오용 및 남용하는 행동적인 측면도 음성장애에서는 부적절하고 바람직하지 못한 것으로 진단된다.

넷째, 유창성장애는 말더듬과 속화로 구분된다. 이 두 가지 모두 말의 흐름이 깨어지는데, 속화는 빠른 속도로 인해 말의 흐름에 문제가 있는 것이다. 대개 유창성장애는 말더듬을 주로 다룬다. 유창성장애는 흡기 이후 적절한 타이밍에 바로 호기를 하면서 말을 산출해야 하는데, 흡기 과정 중 말을 하려고 하거나, 과도한 근긴장을 동반한 말산출 등, 전체적인 말산출 메커니즘과 관련이 있는 문제가 나타난다. 또한 특정 낱말이나 발화 상황을 회피하는 문제행동이 나타나는데, 예를 들면 자신이 '학교'라는 말을 더듬는 것을 아는 경우, 대중 앞에서 말을 더듬는데 발표를 해야 하는 경우, 전화를 해야 하는 경우 등이다.

2. 언어치료 프로그램의 단계화

문제행동을 제고하고 바람직한 행동으로 나아가기 위해서 언어치료 목표를 수립한다. 목표 설정 시 표적 행동은 행동 동사를 사용하며, 행동 동사는 객관적이고 측정할 수 있어야 한다. '이해한다'와 같은 서술어는 행동 동사로서는 부적절하다. 앞 장에서도 다루었듯이, 언어치료 목표 설정의 세 가지는 행동 동사, 조건, 기준선이다([그림 8-2] 참조).

언어진단, 즉 표준화 검사와 비공식적 검사를 통해 진단 결과를 얻고 나면, 행동수정 원리에 근거하여 언어치료 목표를 수립한다. 조건에는 자극 유형과 과제 유형이 있다.

먼저, 자극 유형에 대해 알아보자. '사과'라는 단어를 아동에게 가르치기 위해 실물 사과 또는 그림으로 치료를 진행할 수 있다. 혹은 /사과/라는 음성 자극만을 사용하여 아동이 /사과/를 산출하도록 지도할 수도 있다. 또 '사과' 글자를 제시하고 읽어 보게 할 수도 있다. 자극 유형은 목표 반응을 유도하기 위해서 사용되는 입력 형태를 말하며, 주로 그림, 사물, 음성, 문자와 같은 종류로 구분된다.

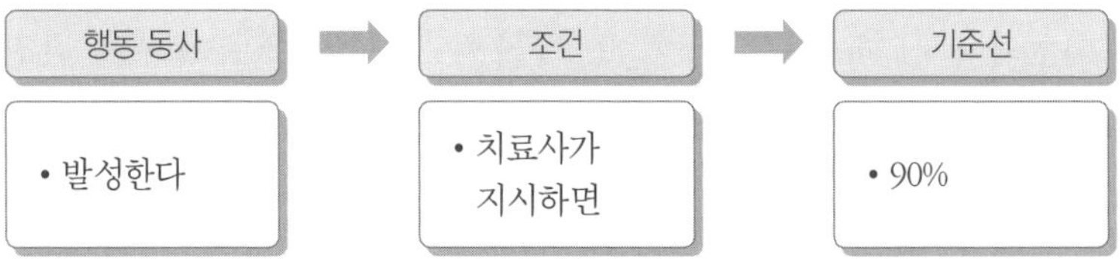

[그림 8-2] 언어치료 목표 설정의 예시

다음으로, 과제 유형에 대해 알아보자. 예를 들어 "이게 뭐야?"라는 질문에 대해 아동이 몰라서 가만히 있는다. 그러자 "오늘 아침에 엄마랑 밥 먹고 나서 뭐 먹었지?"라고 다시 질문한다. 마찬가지로, 처음에는 반응을 유도하기 위해서 그림 카드를 제시하였는데, 의미적 단서를 다시 한 번 주거나 "/사/로 시작을 하잖아."와 같은 음소적 단서를 제공한다. 이것이 정반응을 유도하기 위한 지원이며, 이를 과제 유형이라고 한다.

자극 유형과 과제 유형이 언어치료 목표 수립에서 조건 또는 상황에 해당되는 것이라면, 행동 동사는 반응 수준에 해당한다. 반응 수준은 아동이 낱말로 반응해야 하는지, 이어문으로 반응을 해야 하는지, 또는 2개 이상의 문장으로 반응해야 하는지 등으로 서술된다.

정리하면, [그림 8-3]과 같이 자극 유형의 종류는 제스처로 제시하는 직접적인 신체적 조작, 구체적인 상징, 물체, 사진, 그림, 선화(선으로 그린 그림), 구어, 문자 언어, 글자 등이 있다. 과제 유형은 단서 촉구에 관한 것으로서 모방과 자발화 단계로 구분될 수 있다. 앞서 강조했듯이, 언어치료 영역에서의 반응 수준은 언어적인 복잡성이 점점 증가하는 단계로 진행한다. 언어치료 프로그램 단계화에서는 음-음절-낱말-대화 수준으로 언어적인 복잡성과 길이가 점차 증가하도록 한다. 또한 과제 유형에서도 아동이 쉽게 따라할 수 있고 많은 단서가 주어지는 유형에서 단서가 이용되는 유형으로 단계화하며, 자극 유형에서도 직접적인 자극 유형이 주어지는 단계에서부터 점차 전이시켜서 아주 자연스럽게 일반적인 환경에서의 의사소통 상황으로 단계화한다. 반응 수준에 관한 예시를 덧붙이자면, 대상자가 어떤 자극이 제시되면 3초 또는 5초 안에 대답을 한다. 언어치료 목표에서 자극 제시 이후 3초, 5초 혹은 10초와 같이 대상자 반응에 요구되는 시간도 반응 수준에서 결정되는 부분이다. 그래서 목표를 단계화하여 설계할 때 자극 유형, 과제 유형, 반응 수준 단계를 세분화한다.

[그림 8-3] 언어치료 프로그램의 단계화

3. 의사소통 행동 유발

의사소통 행동 유발에는 치료 내에서 사용되는 설명하기, 모델링, 촉구, 물리적 자극 등의 방법이 사용된다. '설명하기'는 학습해야 할 기술을 설명하는 것이다. '모델링'은 치료 대상자가 해야 할 목표 반응을 언어재활사가 자극으로 과제 유형을 제시하는 것이다. '촉구'는 간단히 말하면 힌트를 주는 것이다. 마지막으로, '물리적 자극'은 자극 유형에 제시되었던 그림, 사물, 사진, 사건과 같은 자극 유형을 제시하는 것이다. 이 네 가지 방법에 관한 임상 기술을 살펴보면 다음과 같다.

1) 설명하기

'설명하기'에 관한 주요 임상 기술의 예를 살펴보자. 첫째, 행동기법에 근거하여 목표 행동을 먼저 선정해야 한다. 객관적이고 측정할 수 있는 행동동사를 사용해서 목표 행동을 선정한다. 그런 다음 목표 행동을 분석한다. /ㅅ/ 정조음을 지도하기 위해 대상자에게 '설명하기'를 사용한다면, "혀를 내

밀어 보세요. 혀끝을 올려 보세요."와 같은 설명이 필요하다. 설명을 하기 위해서는 /ㅅ/의 조음 방법, 조음 위치가 어떠한지에 관한 전문적인 지식이 요구된다.

'설명하기' 방법의 임상 지침은 다음과 같다([그림 8-4] 참조). ① 목표 행동을 선정한다. ② 해당 설명을 위한 목표 행동을 분석한다. 즉, 목표 행동의 형태, 소리 등을 분석한다. ③ 이 목표 행동을 어떻게 유발할 것인지 찾고, 분석한 항목을 유발할 수 있는 설명을 사전에 작성한다. ④ 목표 행동을 유발할

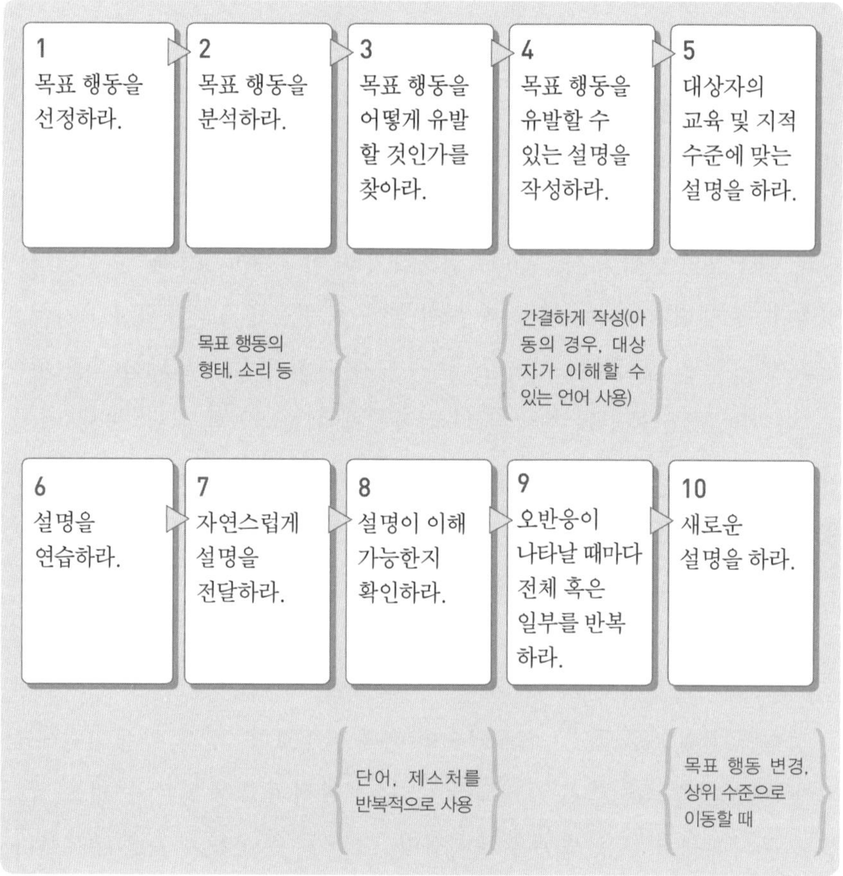

[그림 8-4] 설명하기 임상 지침

수 있는 설명을 작성한다. 이때 간결하게 작성해야 하며, 대상자가 아동이라면 아동의 수준에서 이해할 수 있는 언어를 사용해야 한다. ⑤ 대상자의 교육 및 지적 수준에 맞는 설명을 한다. ⑥ 언어재활사는 설명을 사전에 연습하고, ⑦ 자연스럽게 설명을 전달할 수 있도록 한다. ⑧ 설명이 이해 가능한지 확인한다. 만약 이해가 가능하지 않다면 다른 단어 또는 제스처를 반복적으로 사용해서 대상자가 이해할 수 있도록 한다. ⑨ 오반응이 나타날 때마다 설명의 전체 혹은 일부를 반복한다. 정반응을 유발하기 위해 '설명하기' 기법을 사용하므로 정반응이 나타날 때까지 반복한다. 마지막으로 ⑩ 새로운 설명을 한다. 목표 행동의 변경이나 상위 수준으로 이동하는 것이다. 예를 들어, 독립음 수준에서 음 산출을 하였고 /사, 소/의 모음 연결 단계로 진행되면, 모음 연결 단계에 맞는 설명을 진행한다.

2) 모델링

'모델링'은 언어치료 과정에서 빈번하게 사용되는 방법이다. 예를 들어, 언어재활사는 사전에 목표 반응 /사과/를 그대로 제시한다. 자극, 모방 반응, 후속 자극이라는 연속 단계에서 자극으로 모델링을 제시하므로 이 자극을 어떻게 제시하느냐에 따라 모방 반응은 더 정확하게 그리고 더 빈번하게 나타날 수 있는지 결정된다. 언어재활사가 /사과/라고 모델링하였는데 아동이 /사과/라고 정반응을 하면 좋지만, 만약 /아아/라고 한다면 정반응인가 오반응인가. 정반응, 즉 목표 행동의 정의는 아동의 반응 수준에 맞게, 그리고 치료 프로그램 단계 내용에 따라서 결정된다. 특히, 치료 초기 단계에서는 어느 수준까지, 어떠한 유사 모방 반응까지 정반응으로 볼 것인가를 분명히 해야 한다.

'모델링' 방법의 임상 지침은 다음과 같다([그림 8-5] 참조). ① 언어재활사는 자신이 직접 모델을 제공할 것인지 다른 도구를 사용할 것인지 결정해야 한다. 언어재활사가 "선생님을 따라하세요. /사과/"라고 하여 /사과/라는 음

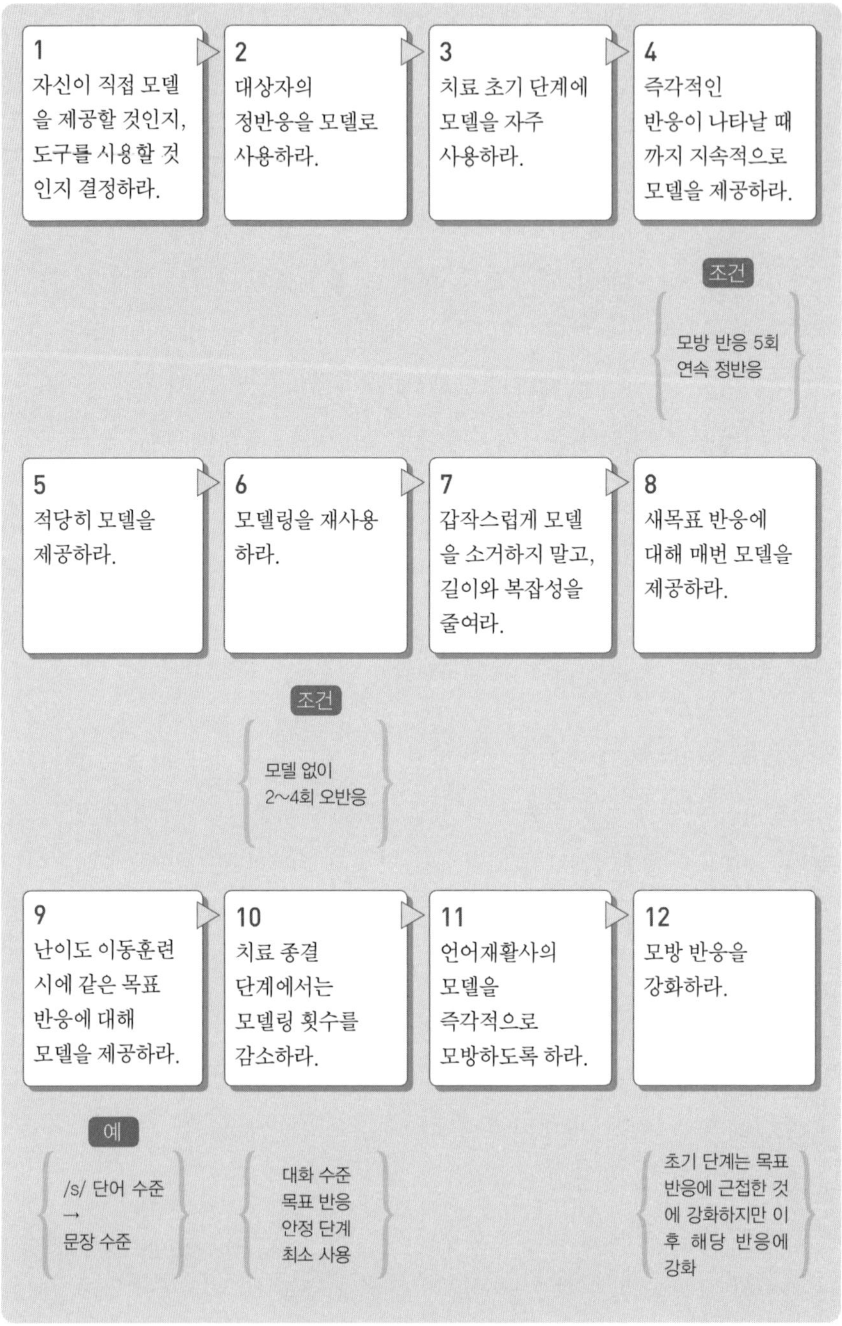

[그림 8-5] 모델링 임상 지침

성 모델을 제시할 수 있지만, 대상 아동의 형제·자매가 /사과/하고 발음한 음성 모델을 녹음해서 이를 제시할 수도 있다. 성인 대상자의 경우 /사과/라는 말을 스스로 산출할 수 있다면, 언어재활사의 모델을 사용하지 않고 이 대상자가 /사과/라고 정확하게 산출한 것을 녹음을 해서 모델로 제시할 수도 있다. 이와 같이 의사소통 행동 유발을 하기 위한 기법으로 '모델링'을 사용하고자 할 경우 그 모델을 언어재활사의 모델을 사용할 것인지, 다른 주변 관련 사람들의 모델을 제공할 것인지, 또는 치료 대상자의 정반응을 모델로 할 것인지 결정해야 한다. ② 대상자가 모델이 될 수 있는 정반응을 할 수 있다면, 대상자의 정반응을 모델로 사용하는 것이 정반응을 유도하는 데 효과적이다. ③ 치료 초기 단계에 모델을 자주 사용한다. 언어치료 단계가 진전될수록 언어재활사가 제시하는 모델은 점차 용암시켜 소거한다. ④ 즉각적인 반응이 나타날 때까지 지속적으로 모델을 제공한다. 모방 반응이 5회 연속 정반응이 나타날 때까지 계속 모델을 제공한다. 모방 반응이 5회 연속 정반응으로 나타나면 대상자는 모델링 없이 어떠한 단서만으로도 정반응이 유발되는 근거 기준이 된다. 연속 5회 모델링에 대한 정반응이 준거 기준에 도달하면, 매번 모델을 제공하는 것이 아니라 3회에 한 번과 같이 방법을 사용한다. ⑤ 모델 제공은 적절해야 한다. 모델 제거의 준거 기준 원칙에 따라, 처음 정반응을 유발하기 위해 매번 모델을 제시하다가 대상자가 연속 5회 연속 정반응을 보이면 모델을 제거한다. ⑥ 그런데 모델 제거 이후 2~4회 연속 오반응을 나타내면, 모델링을 재사용한다. ⑦ 모델링은 갑작스럽게 소거하지 말고 단계별로 용암시키는 것이 좋다. ⑧ 새 목표 반응에 대해서는 반드시 매번 모델을 제공한다. ⑨ 언어치료 프로그램 단계에서 반응 수준은 음–음절–낱말–문장 수준으로, 그리고 자연스러운 대화 상황으로 매번 목표 단계가 달라질 때마다 새로운 목표로 반응 수준이 높아진다. 그러므로 각 반응 수준에 따라 매번 모델을 제공한다. 난이도 이동 훈련에서 목표 반응에 대해 모델을 제공한다. ⑩ 치료 종결 단계에서는 모델링 횟수를 감소시킨다. 모델링은 치료 초기 단계, 그리고 단계 이동의 초기 단계에서는 적극적으로 사용해도 되지만 치료 종결 단계에서는 모델링 횟수를 감소시키는 것이 중요하다. ⑪ 모델이 제공되면 반응은 즉각적으로 모방할 수 있도록 한다. 마지막으로 ⑫ 모방 반응에 대한 대상자의 정반응이 나타나면 즉각적으로 강화한다. 어떠한 행동이든 행동수정 기본 원리에 근거해서 자극 반응, 후속 강화의 ABC 단계로 진행한다. 후속 강화가 이루어지지 않으면 목표 행동은 확립되지 않는다. 설명하기 방법과 마찬가지로 모델링에서도 초기 단계에서 정반응에 대한 조작적 정의를 분명히 해야 한다.

3) 촉구

'촉구'는 반응의 발생을 확실히 하기 위해 활용하는 자극이다. 언어치료에서 촉구 방법으로는 음소 자극법, 의미적 단서, 신체적 방법 등을 사용할 수 있다. 촉구의 대표적인 방법은 음소 자극법이다. 예를 들어, 목표 단어가 '자동차'일 때 "'자'로 시작합니다."라고 한다면 음소 자극법을 사용한 것이다. 이 목표 예시에 의미적 단서를 활용하면 "달려요."라고 제시할 수 있다. 또한 언어재활사는 제스처를 사용해서 '자동차'에 대한 목표 언어를 촉구할 수 있다. 신체적 방법은 대상자의 신체 일부분을 사용해서 목표 반응을 유도하는 것을 말하며, 대상 아동이 발화하도록 입술이나 안면 부위 또는 신체의 일부분을 움직이게 한다. /ㅅ/ 정조음하려면 구강 내에서 혀끝을 치조 돌기에 살짝 데었다가 좁은 간격을 두고 떨어뜨려야 한다. 언어재활사가 아동의 혀끝을 자극하고 혀끝을 치조돌기에 살짝 붙일 수 있도록 촉구를 제공하는 것이 신체 촉구이다.

촉구는 언어치료에서 광범위하게 사용되는 중요한 기법이다. 모델링과 촉구를 비교해 보면, 모델링은 전체적인 자극, 즉 대상자가 해야 할 반응을 언어재활사가 먼저 그대로 제시한다. 그래서 모델링은 "차가 달려요."와 같이 자극 전체를 제시한다. 그러나 촉구는 부분 자극으로서 "차가 ~ "와 같이 제시하거나, 달리는 행동을 사용한다. 모델링은 전체적 · 직접적인 반면, 촉구는 부분적 · 간접적이다.

'촉구' 방법의 임상 지침은 다음과 같다([그림 8-6] 참조). ① 언어치료 위계화 과정의 초기에는 모델링 기법을 많이 사용하다가 이를 차츰 줄여 촉구를 사용하여 부분적으로 도움을 주는 방법을 사용한다. 치료 초기에서는 모델링을 사용하고, 다음 단계에서는 촉구법을 사용한다. 그리고 이후에 촉구 없이도 자발적으로 사용할 수 있도록 하기 위해 촉구 용암법을 사용한다. 초기에 모델링을 사용했다가 촉구를 적용하는 기준은 5회 연속 모델링에 대해 정반응이 나타나면 간헐적으로 모델링을 사용하면서 촉구를 진행하는 것이다.

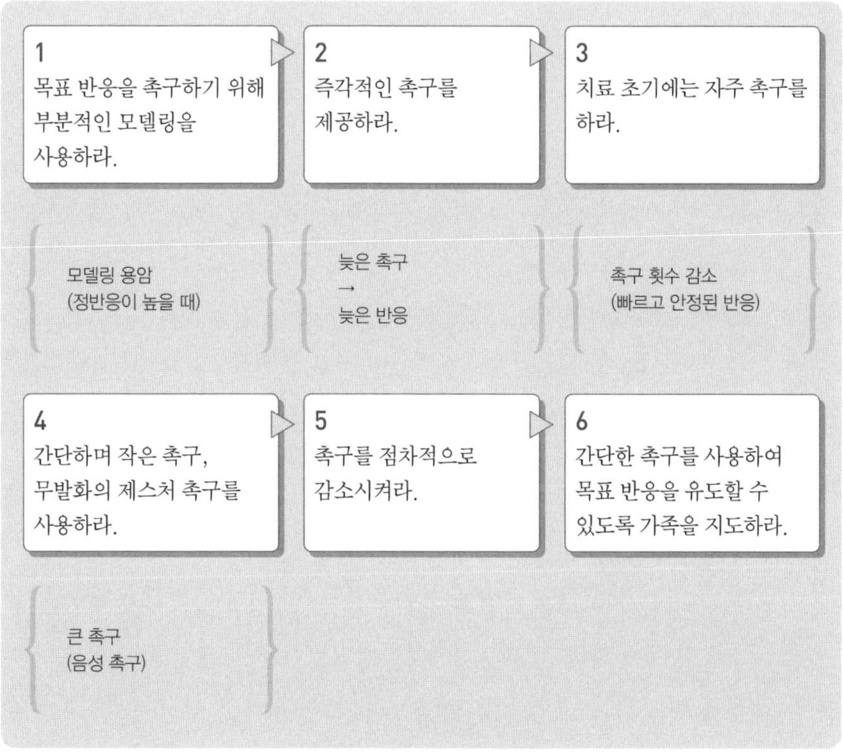

[그림 8-6] 촉구 임상 지침

그런 다음 촉구법을 용암시킨다. 모델링은 초기 단계에 사용되고, 점차 용암될 때 촉구가 함께 사용된다. ② 촉구는 즉각적으로 사용해야 한다. 촉구가 늦을수록 반응은 늦어진다. ③ 촉구 또한 치료 초기 단계에서 자주 사용된다. 그러나 치료가 진행되면서 정반응의 비율이 점차 높아지면 촉구 사용은 감소하게 된다. 대상자가 빠르고 안정된 정반응을 할 때는 촉구를 매번 할 필요가 없다. ④ 큰 촉구법(음성)보다 작은 촉구법(제스처)를 사용해서 목표 반응을 유도할 수 있도록 하고, 확립 단계에서는 촉구 없이 자발적인 산출이 나타나야 한다. ⑤ 촉구를 점차적으로 감소시켜서 대상자의 반응이 모델링이나 촉구 없이 스스로 정반응을 할 수 있도록 한다. 촉구 용암은 확립에서 전이 및 유지 단계로 진행된다. ⑥ 확립 단계에서 촉구가 이루어졌다고 해서 곧바로 촉구를 소거하는 것이 아니라 전이 및 유지 단계에서 언어재활사뿐만 아니라 보호자, 형제, 친구 등의 도움으로 정반응을 나타낼 수 있도록 어느 정도 촉구를 제공할 수 있도록 해야 한다. 이는 유창성장애 및 음성장애와 같은 성인 대상자 영역에서 중요하며, 치료에 따라 유아를 대상으로 하는 치료 확립 단계에서 전이 및 유치 치료 프로그램이 병행되는 경우도 있다. 이러한 경우 언어재활사는 보호자가 촉구법을 사용할 수 있도록 지도한다.

4) 물리적 자극

'물리적 자극' 방법은 사물, 그림, 장난감 등을 자극으로 사용하는 것이다. 언어발달장애, 신경언어장애, 조음장애 영역의 언어치료 시 광범위하게 사용되는 것이 물리적 자극이다.

'물리적 자극' 임상 지침은 다음과 같다([그림 8-7] 참조). ① 목표 반응을 유도하기 위해 물리적 자극을 사용할 때는 그림보다는 사물을 사용하는 것이 좋다. 예를 들어, 사과 그림보다는 실물 사과를 사용하는 것이 좋다. ② 초기 단계에서는 그림과 사물을 사용하고, 후기 단계 연속 발화 수준에서 반응 유

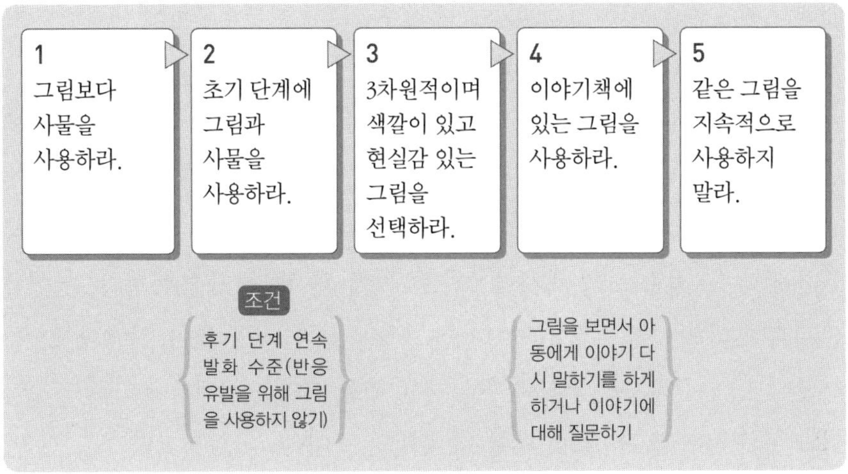

[그림 8-7] 물리적 자극 임상 지침

발을 위해 물리적 자극은 거의 사용하지 않는다. ③ 그림을 사용한다면 선화 그림보다도 실물과 유사한 그림 사용이 바람직하다. ④ 물리적 자극을 사용할 때는 단어 카드 또는 그림 카드에 있는 자극보다는 이야기 그림책에 있는 그림을 사용하는 것도 언어치료에 바람직하다. 예를 들어, 아동에게 목표 낱말을 가르치고자 할 때 전체 이야기 안에서 지도를 하고 이야기를 말하게 한다. 그리고 ⑤ 같은 그림을 지속적으로 사용하는 것은 좋지 않다. 예를 들어, 중도 지적장애의 경우, 언어치료가 제한된 상황에서는 그림 카드를 반복적으로 사용할 경우 일반화가 어렵다.

4. 프로그램 구성 요소

먼저 문제행동을 확인하고 언어치료 목표를 수립하며, 이 목표는 행동 동사, 조건, 기준의 세 가지 항목이 기술되어야 한다. 행동 동사는 항상 객관적이고 측정할 수 있는 동사로, 이때 반응 수준은 음-음절-낱말-구-대화 단계에서 결정된다. 언어치료 프로그램을 구성하고 행동수정법에 근거해서 단계를 설정할 때, 반응 수준 단계에 따라 치료 목표 수준이 달라진다. 그래서 각 단계마다 과제 유형을 구조화해야 한다. 과제 유형이란 언어재활사가 치료 대상자가 정반응을 할 수 있도록 어느 정도 도와주는지에 관한 부분이다. 설명하기, 모델링, 촉구, 물리적 자극 등이 있다. 또한 자극 유형을 구조화시켜야 한다. 글자를 크게 제시할지 또는 작게 제시할지 구조화한다. 언어장애 유형에 따라 자극 유형은 결정적인 역할을 한다. 예를 들어, 신경의사소통장애에서 '사과'라는 자극을 제시할 경우, 실물 사과나 실제와 유사한 입체적인 색깔의 사과 그림이 정반응을 더 유발할 것이라고 볼 수 있다. 하지만 어떤 경우 색깔이 많은 여러 단서를 제시하여 대뇌 프로세싱이 요구되는 자극이 많다면, 오히려 과부화로 방해가 될 수도 있다. 그러므로 자극 유형과 과제 유형을 구조화 · 단계화하려면, 대상자의 언어문제 및 의사소통 문제가 무엇인지 정확하게 파악해야 한다. 일반적으로 쉬운 단계일 수 있지만, 특정 언어장애 영역의 대상자에서 과제 및 자극 유형이 쉽지 않을 수 있다.

반응 수준과 관련된 정반응은 반드시 정의되어야 한다. 초기 단계에서 /사과/를 /샤과/라고 한다면 정반응으로 볼 것인지의 여부는 치료의 진행 내용 및 단계 따라 다를 수 있다. 치료 프로그램이 진행됨에 따라 단서는 용암되어야 한다. 단서는 정반응을 쉽게 유발할 수 있는 강한 단서와 약한 단서로 구분될 수 있다(〈표 8-1〉 참조). 초기 단계에서는 강한 단서를 사용하겠지만, 후기 단계에 이르면 단서의 빈도를 감소시켜 점차 용암시킨다. 단서의 종류 또한 일반적으로 약한 단서인 그림 및 의미적 단서를 사용한다. 그런데 대상자에 따라 의미적 단서가 더 강한 단서가 될 수도 있다. 단서의 종류에는 음소적 단서, 모델링, 그림, 의미적 단서가 있으며, 이와 같은 단서를 동시에 혹은 순차적으로 적용하며 단서의 강한 정도에 따라 적용하고 또 단서를 용암시킨다.

단서 용암의 예시를 살펴보자(〈표 8-1〉 참조). 언어재활사가 "혀끝을 올려 살짝 떼어 보세요. 그리고 /ㅅ/라고 말하세요."라고 말한 것과 "/ㅅ/라고 말

〈표 8-1〉 단서 용암의 예시

단서의 세기 정도	지시 내용
강한 단서	입을 다물어 보세요. 그리고 /s~/라고 말하세요.
	거울을 보세요. 그리고 /s~/라고 말하세요.
용암된 단서	/s~/라고 말하세요.
약한 단서	/s/ 해 보세요.
약한 단서	거울을 보고 크게 /s/ 해 보세요.
약한 단서	길게 /s/ 해 보세요.
약한 단서	한 번만 /s/ 해 보세요.

하세요." 중 어떤 표현이 단서가 더 많은가? 전자이다. 치료 초기 단계에서 언어재활사의 발화에는 더 많은 단서가 들어갈 것이고, 치료가 진행되면서 단서가 줄어든다.

한국판 보스톤 이름 대기 검사(Korean version-Boston Naming Test: K-BNT)는 명명하기 능력을 알아보는 검사이다. 예를 들어, '모자' 그림을 제시하여 이름을 묻고 명명하지 못하면, 검사 과정에서 의미적 단서와 음소적 단서를 순차적으로 제시한다. 의미적 단서에서 대상자가 정반응을 하는 경우와 음소적 단서에서 정반응이 나오는 경우를 구분해서 이후 이와 같은 검사 결과를 치료에 적용한다.

언어재활사와 대상자 간 상호작용의 단위는 자극(A)-반응(B)-후속 강화(C)의 연속단계로 이루어진다. 후속 강화에 따라서 목표 행동은 증가/감소하므로 후속 강화인을 무엇으로 할지 결정해야 하고, 강화 계획을 지속 강화로 할지 간헐 강화로 진행할지 결정한다. 언어치료 프로그램은 확립 단계에서 전이 및 유지 단계로 나아간다. 확립 단계에서는 지속 강화계획을 사용하고, 전이 및 유지 단계에서는 간헐적 강화계획을 사용한다. 확립 단계의 언어의 반응 수준은 음-음절-낱말-구-문장으로 진행된다. 음 수준에서 지속 강화를 적용하고, 낱말 단계로 넘어갈 때는 음 수준의 목표 반응을 지속 강화하다가 간헐 강화로 넘어가고, 다시 낱말 수준의 정반응에 대해서 지속 강화를 하다가 간헐 강화로 정반응의 기준선을 확립하여 계속해서 반응 수준을 높여 간다. 목표 반응의 기준선은 '90%, 80%' 등으로 측정되어야 한다. 이 기준선 측정은 치료 프로그램의 시작 전의 기초선, 유지 및 종료 시 측정되어야 한다.

확립 단계 목표가 달성되면 전이 및 유지가 진행된다. 그래서 정반응에 관한 자극과 후속 강화는 전이 및 유지 단계에서 용암시키면서 전이가 이루어지게 된다. 이 단계에서 단서 용암, 즉각적인 강화, 과제 난이도의 점진적인 증가, 토큰 프로그램이 진행되면서 자극 조절 전이가 유용하게 된다.

핵심 퀴즈

Q1. 초기 치료 단계에서는 자극 제시 후 3초 내에 정반응을 하도록 하고, 치료 종결 단계에서는 자극 제시 후 1초 내에 정반응을 하도록 하는 목표를 수립하였다. 이는 언어치료의 어떤 측면을 단계화한 것인가?

① 단서 유형
② 과제 유형
③ 자극 유형
④ 반응 유형

Q2. 낱말이나 발화 상황을 회피하는 의사소통 행동이 대표적으로 문제가 될 수 있는 언어장애 유형은?

① 말더듬 장애
② 조음장애
③ 실어증
④ 단순언어장애

Q1. ④ Q2. ①

2부

행동수정 기법의 적용

9장 조음음운장애

학습목차

1. 조음음운장애 검사와 문제행동
2. 치료 목표 설정 절차
3. 교수 목표의 설정
4. 프로그램화 교수
5. 전이와 유지

학습목표

1. 조음음운장애 검사 결과에 따라 문제행동을 구체화할 수 있다.
2. 조음음운장애의 치료 프로그램을 구성할 수 있다.
3. 조음음운장애의 교수 목표를 설정할 수 있다.
4. 조음음운장애의 프로그램화 교수를 구성할 수 있다.
5. 조음음운장애의 전이와 유지를 위한 절차를 구성할 수 있다.

1. 조음음운장애 검사와 문제행동

조음음운장애 문제행동([그림 9-1] 참조)을 구체화하기 위해서 초기 면담, 공식 검사, 비공식 검사 등을 진행한다. 이와 같은 검사 결과로 말소리 오류를 목록화한다. 생략 · 대치 · 왜곡이 단어 및 문장 수준에서 어떻게 나타나는지, 가장 빈번하게 나타나는 말소리 오류가 어떤 유형이 있는지, 그리고 해당 말소리는 어떤 것이 있는지 분석한다. 개별 말소리에 관한 분석을 목록화하고 나면, 음운변동을 확인한다. 음운변동의 파열음화 또는 성문음화와 같은 현상이 정상적인 언어발달 순서에 따른 것인지, 숙달 연령이 지났는데

1. 모든 자료 통합하기

- 초기 면담
- 공식 검사
- 비공식검사

2. 말소리 오류 목록화하기

- 생략, 대치, 왜곡
- 어두, 어중, 어말
- 낱말, 문장

3. 음운변동 확인하기

- 지속되는 음운변동
- 정상발달

4. 변별자질 확인하기

- 변별자질에 따른 오류음 분류

5. 명료도 계산하기

- 이해 가능한 낱말 수와 발화 수
- 3~5점 척도

[그림 9-1] 조음음운장애 검사 결과에 따른 문제행동

도 나타나는 문제가 되는 음운변동 현상인지 분류한다. 또한 변별자질에 따른 오류음 분류를 할 수도 있다. 조음의 전체적인 명료도가 어떠한지 측정한다. 이와 같은 검사를 통해, 예를 들어 조음음운장애 아동의 명료도가 3점 정도이니 명료도가 높은 5점 정도로 개선시키기 위해 새로 증가시켜야 할 행동 목록을 작성한다.

2. 치료 목표 설정 절차

조음음운장애 진단이 끝나면 치료 목표를 설정한다. 치료 목표는 목표 완성 기간에 따라 장기 목표, 단기 목표, 주별 목표로 구성된다. 그리고 목표 서술은 행동 동사, 기준선, 조건으로 이루어진다. 치료 목표 설정 절차의 주요 요소는 〈표 9-1〉과 같다.

〈표 9-1〉 치료 목표 설정 절차

프로그램 요소
반응 수준 단계
과제 유형
자극 유형
정반응에 대한 정의
단서 용암 과정
후속 강화 조절
기준선
자극 조절 전이

1) 표적 행동의 확인

조음음운장애는 '정조음한다.'는 것이 대체적인 행동 동사가 된다. 산출 단계에서는 '정조음한다'이지만, 확인 단계나 변별 단계에서의 행동 동사는 해당 단계에 따른다. 정조음에 대한 행동 동사에 대해 반응 수준 단계, 즉 음, 음절, 단어, 구, 문장, 자발화 수준인지를 치료 목표에 서술한다. 예를 들어, /ㅅ/를 정조음하기 위해 '/ㅅ/ 음 수준에서 정조음한다.'고 정할 수도 있으며, /사, 시, 소, 세, 수/ 음절 수준, 또는 /사과/와 같은 단어 수준, /사과를 사요/와 같은 구 수준, /순이가 사과를 사요/와 같은 문장 수준, 그리고 /ㅅ/음이 들어가 있는 읽기, 또는 구조화되어 있지 않고 아동과 자연스럽게 말하는 상황에서 /ㅅ/를 정조음하는 것이 치료의 반응 수준 목표 단계인지 기술되어야 한다.

반응 수준 단계가 ABC 연계에서 대상자가 해야 하는 행동(B) 수준에 해당하며, 과제 유형과 자극 유형은 선행 사건이 되는 자극을 치료 기법에 따라 프로그램화시키고 이를 서술한다.

과제 유형과 자극 유형은 선행 사건(A)에 해당되며 이를 어떻게 조작하느냐에 따라 행동(B)이 달라진다. 과제 유형의 예로, '언어재활사가 아동에게 /ㅅ/ 제시를 하면 /ㅅ/를 반응 수준 단계에서 모방하기'라면, 언어재활사가 /ㅅ/ 소리를 내지 않고 입 모양만으로 /ㅅ/ 모양을 제시하면 /ㅅ/ 정조음하기가 목표가 될 수 있다.

정반응은 음 수준에서 5초 이상 /ㅅ/ 소리를 내기가 치료 목표가 될 수 있다. 그러나 치료 초기 단계에서 /ㅅ/를 1초 수준으로 할 수도 있으며, /ㅅ/가 아닌 /샤/와 같은 조음에 대해서 정반응이라고 할 것인지에 대한 정의가 필요하다.

아동이 /ㅅ/라고 5초 동안 길게 소리를 산출하면 언어재활사는 사과 모양 스티커를 주기로 한다. 아동이 매번 /ㅅ/를 5초 동안 하면 사과 스티커를 제공하거나 2회 중 한 번만 하더라도 성공하면 스티커를 제공할 것인지에 대한 결정 사항들이 후속 강화 조절이다.

기준선은 해당 치료 회기에서 목표를 몇 퍼센트까지 제시하느냐이다. Boone과 Prescott의 정의에 따르면, 성공적인 언어치료는 아동의 정반응률이 60~80%로 나와야 한다. 90% 이상의 정반응은 대상자에게 높은 수준이다. 그래서 기준선은 대개 90% 이상을 최종 목표로 한다.

지금까지 ABC의 A에 해당하는 과제 유형과 자극 유형, B에 해당하는 반응 수준 단계 및 정반응에 대한 정의, C에 해당하는 후속 강화 조절, 그리고 전체적으로 반응 수준을 결정하는 기준선까지 살펴보았다.

다음으로, 단서 용암 과정과 자극 조절 전이는 전이와 유지 단계에 필요한 항목들이다. 앞서 과제 유형과 자극 유형들은 단서 용암 과정과 자극 조절 전이를 통해 사라지고, 최종 정반응만 남게 된다. 정반응을 행동 목표로 하여 목표의 선행 사건 조절과 후속 강화 조절을 통해 목표가 달성된다.

2) 선행 자극의 역할

조음음운장애 영역에서 문제행동은 초기 면담, 공식 검사 및 비공식 검사를 통해 확인된다. '/ㄱ/를 /ㄷ/로 대치한다.' '호기류의 측면 방출이 있다.' '/ㅅ/ 생략이 있다.'와 같이 객관적으로 측정할 수 있는 행동으로 분명하게 문제행동이 정의된다. 그러나 '나약한 말을 사용한다.' '분명치 않게 연속해서 발음을 한다.'와 같은 기술은 행동수정법에 근거했을 때 부적절한 정의이다.

문제행동을 규명한 뒤 이를 개선시키기 위한 표적 행동을 규정한다. /ㅅ/ 생략을 하고 있다면 /ㅅ/를 어떠한 방법으로 정조음하겠다는 표적 행동을 규정한다. 그리고 기초선을 측정하여 언어치료 목표의 기준선을 정한다. 아동이 단어 수준에서 /ㅅ/를 40% 정조음한다면, 치료 목표는 90% 이상 정조음하는 것이 된다. 목표 행동은 치료가 종결될 때 대상자가 성취해야 할 행동의 형태로 도달점이 기술되며, 목표 행동은 표적 행동과 일치할 수도 있고 그렇지 않을 수도 있다.

선행 자극은 과제 유형과 자극 유형을 결정하는 단계이며, 치료에서 정반응이 확립되면 단서 용암 또는 자극 조절 전이를 통해 전이 및 유지로 진행된다. 조음음운장애 언어치료에서 사용되는 선행 자극의 종류와 방법들을 살펴보자. 먼저, 청각 자극으로 언어재활사는 "/ㄱ/ 해 보세요." "/ㄷ/ 해 보세요."와 같이 음의 모델을 제공한다. 다음은, 시각 자극법이다. 언어재활사는 /ㅂ/를 산출시키기 위해 아동에게 "이 두 손처럼 벌렸다가 닫아요. 선생님처럼 입술을 꼭 다무세요."라고 설명하며 시각적인 자극을 제시한다. 또한 조음기관의 올바른 위치를 사용해서 조음을 만들어 내야 하므로 설압자 등을 이용하거나 운동을 만들어 내는 선행 자극법을 사용한다.

3) 선행 자극과 후속 자극 효과의 분석

Boone과 Prescott(1972)에 따르면, 유능한 언어재활사는 선행 자극과 후속 자극에 대해서 일관된 패턴을 사용하며, 대상자의 반응을 유도할 모델 또는 지도 자료를 반드시 제시하며, 행동(B)이 끝나면 후속 결과로 그 행동이 맞는지 혹은 틀렸는지 피드백을 제공한다. 그러나 미숙한 언어재활사는 목표 행동(A)에 대한 불충분한 단서, 그리고 부적절한 후속 자극을 제시하고, 치료 프로그램과 상관없는 대화에 참여하는 모습을 보인다고 하였다.

3. 교수 목표의 설정

1) 행동 목표 진술 조건

① 행동 진술

행동 목표는 대상자가 수행해야 할 내용을 객관적으로 기술한다. '목표음을 안다.'와 같은 진술은 측정할 수 없으므로 적절하지 않다. '목표음을 확인하여 손을 든다.'와 같은 행동 진술이 되어야 한다. 조음장애에서 '말을 한다' '발음한다' '정조음한다' '쓴다' '반복한다' '지적한다' '소리 내어 읽는다' '헤아린다' '명명한다'와 같은 행동 동사를 주로 사용한다.

② 조건 진술

행동 동사의 조건은 과제 유형과 자극 유형으로 서술된다. 단어 내 음소 위치 같은 경우, '어중/ㅅ/를 정조음한다.'로 조건을 기술한다. 그러나 언어재활사의 머리 모양, 치료실의 색깔, 책상 배열과 같은 진술은 필요하지 않다.

③ 기준선 진술

기준선은 정반응률을 '90%' '80%' 등으로 기입한다.

2) 치료 목표 형태

① 장기 목표

학교 임상 현장에서 진행되는 장기 목표는 학기를 기준으로 6개월 혹은 3개월로 하며, 치료 종결 시 대상자의 조음 상태가 최종 목표가 된다. '철수는 자발적으로 단어의 모든 위치에서 /k/를 100% 정조음한다.'와 같은 서술이 장기 목표가 될 수 있다. 목표에는 행동 동사, 조건, 기준선이 확인되어야 하며, 이 목표에서 행동 동사는 '/k/를 정조음한다', 조건은 '자발적으로 단어의 모든 위치에서', 그리고 기준선은 '100%'이다.

② 단기 목표

단기 목표는 장기 목표의 하위 목표로, 대체로 1개월 기간을 기준으로 한다. 앞서 '단어의 모든 위치에서 /k/를 100% 정조음한다.'가 장기 목표였다면, 단기 목표는 '10개의 그림을 보고 10개 단어 어말 위치에서 /k/를 90% 이상 정조음한다.'와 같이 수립된다.

4. 프로그램화 교수

프로그램화 된 언어치료 교수는 구성된 내용에 따라 진행되며, 각 과업은

90% 기준선으로 제시된다.

프로그램화 교수의 /ㅅ/ 치료 프로그램의 단계별 내용 확인을 통해 진행 방법을 살펴보자.

조음음운장애의 반응 수준 단계는 음에서 음절로, 그리고 일음절 낱말, 다음절 낱말, 복합어, 이어문, 문장 그리고 채우기, 다시 말하기 수준으로 대체적으로 진행된다.

/ㅅ/치료 프로그램 예시([그림 9-2] 참조)의 반응 수준 단계는 음 수준 /i/부터 시작해서, '/s/+모음 시, 소, 수'로 구성된다. 첫 치료 단계에서는 모음 /i/를 산출하는 반응 수준으로 /i/를 정조음하는 것이 목표이며, 다음으로 /시/ → /스/ → /수/ → /산/ → /사다리/ → /샛별/ → /사과를 사다/ → /시장에서 사과를 사다/ → '사과를 어디에서 샀습니까?'라는 질문에 자발적으로 '시장에서 /사과/를 샀습니다.'라고 문장 채워 넣기, 그리고 최종적으로 혼자서 자발적으로 다시 말하기로 진행된다.

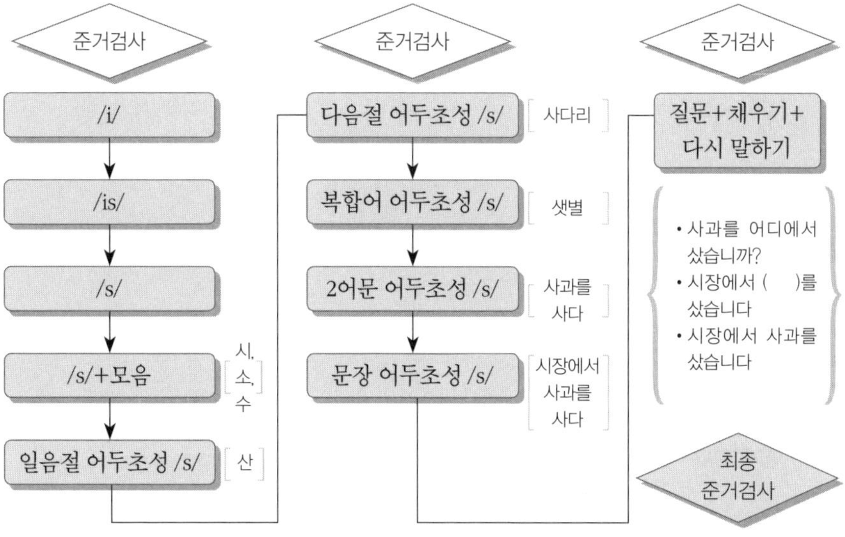

[그림 9-2] /ㅅ/ 치료 프로그램화 교수 예시

1) 선행 자극 조절

반응 수준에 따라 다음 단계로 진행하기 위해서는 기준선이 요구된다. 기준선에 해당되는 것이 준거 검사이다. 프로그램화 내용에서 ABC 행동연쇄 중 B의 반응 수준은 설정되어 있으므로 대상자의 반응을 유도하기 위해서 자극 유형과 과제 유형을 사용한다. 조음음운장애 중재에 주로 사용되는 선행 사건 조작 방법으로는 표적음의 청각적 모델을 제시하는 방법이나 "혀를 올려 보세요. 내려 보세요."라고 설명하는 방법 등이 있다. 그리고 목표음을 발음할 수 있게 되면 선행 사건(A)을 제거를 해서 자발적으로 할 수 있을 때까지, 그리고 새로운 과제에 대해 발음을 할 수 있을 때까지 단서와 촉진이 도입된다. 대상자가 목표를 완성함에 따라 단서와 촉진은 약화된다.

2) 후속 자극 조절

후속 자극은 강화인, 벌인자, 무시, 반응 대가를 사용하는 방법이다. 언어치료에서 초기에는 강화인을 연속적 강화로 제공하지만 간헐적 강화로 조절해 간다. 초기에는 단어 수준의 /사과/를 정조음하면 토큰을 제공하지만, 이후 '순희가 상점에서 사과를 샀다.'와 같이 문장 수준 단계로 진행을 하게 되면 단어 수준의 정조음에 대해서는 더 이상 토큰을 제공하지 않는다.

치료 프로그램화 단계에서 행동 목표가 /ㅅ/를 정조음하는 것인데, 이 /ㅅ/가 낱말 수준인지 혹은 문장 수준인지를 정확하게 규정해야 한다.

3) 준거 검사

단어 수준의 '사과', 구 수준의 '새빨간 사과', 문장 수준 '순희가 사과를 샀다.'로 정반응의 단계가 이동할 때마다 준거 검사가 필요하다. 준거 검사는

90% 이상을 일반적인 기준으로 한다. 준거 검사가 있어야 다음 단계로 진행된다.

5. 전이와 유지

1) 자극 일반화

전이와 유지는 확립 단계가 치료실 내에서 완성된 것을 치료실 바깥 환경에서 목표음을 산출하는 단계이다. 그래서 단서 용암, 자극 조절, 전이 과정이 자극 일반화와 관련된다.

조음음운장애에서 자극 일반화는 '자질 일반화'와 '위치 일반화'가 있다. 자질 일반화는 /ㅅ/ 음을 지도했으니 치료하지 않은 /ㅅ/에 대해서도 정조음이 나타나는 것이다. 아동이 /ㅅ/와 /ㅆ/를 생략하였고, 치료는 /ㅅ/에 대해서만 실시했음에도 불구하고 /ㅆ/가 정조음된다면 마찰음 자질을 함께 공유하고 있는 /ㅆ/가 자질 일반화가 되었다고 할 수 있다. 위치 일반화는 /ㅂ/를 어두 위치에서만 치료를 했는데, 어중 위치에서도 정조음이 되는 경우이다.

자극 일반화를 위해서 언어재활사는 대상자가 다른 말하기 상황에서 자주 사용하는 단어를 사용해서 치료를 하는 것이 좋고, 치료실에서 훈련을 할 때 부모에게 가정 훈련을 병행할 수 있도록 한다. 가정 훈련 시 치료실에서 사용되는 것과 동일하거나 유사할 수도 있도록 자극을 사전에 구조화하는 것이 필요하다. 그리고 일반화가 일어나면 자주 말하는 상황에서 정조음을 할 수 있도록 한다. 이미 치료 상황에서 보호자뿐만 아니라 형제, 또래 참여를 통해 치료 프로그램을 치료실 내에서 어느 정도 정조음이 이루어진 단계에서는 진행한다. 그리고 역할 놀이와 같은 방법을 통해 자극 일반화를 한다.

2) 정반응 사용의 유지

정반응을 잘 유지할 수 있으려면 의미 있는 자료를 사용해야 한다. 조음장애 치료를 할 때 아동의 일상적인 단어를 사용한다. 가족의 이름, 애완동물, 좋아하는 장난감이 포함된 음소가 자료로 좋다. 그리고 치료 빈도는 매일 3회 연습이 일주일 1번 지도를 받는 것보다 전이와 일반화가 더 잘 된다. 치료 빈도가 높은 것이 좋으며, 학습도 치료실 내에서의 치료뿐만 아니라 가정 내 훈련 등 중복 학습을 하는 것이 유지를 하는 데 파지 효과(retention effect)를 일으킨다. 또한 동기 유발 상태, 즉 아동이 하고자 할 때 치료실 상황이 즐거우면 학습된 자료의 일반화가 잘 이루어진다.

핵심 퀴즈

Q1. 정반응 사용의 유지를 할 수 있는 방법으로 볼 수 없는 사항은?

① 아동이 회피하는 상황에서 조음장애 지도를 한다.
② 아동이 좋아하는 장난감 이름을 중점으로 말소리를 목록화한다.
③ 매일 3회 이상 연습한다.
④ 보호자를 치료 연습에 참여시킨다.

Q2. 조음음운장애 행동 목표의 가장 초기 단계는 무엇인가?

① 낱말
② 음
③ 음소
④ 음절

Q1. ① Q2. ②

10장 언어발달장애

학습목차

1. 언어발달장애 검사와 문제행동
2. 언어습득 모형
3. 자폐범주성장애의 진단적 특성 및 개요
4. 언어치료 프로그램 실시 절차
5. 단계적 발성 강화 프로그램
6. 반향어 개선 프로그램
7. 자발화 생성 및 증가 프로그램
8. 의사소통 기능 향상 프로그램

학습목표

1. 언어습득 모형에 근거하여 언어발달장애의 문제행동을 정의한다.
2. 자폐범주성장애의 언어행동 특성을 설명할 수 있다.
3. 자폐범주성장애의 언어치료 프로그램을 실시할 수 있다.

1. 언어발달장애 검사와 문제행동

언어발달장애는 언어치료 분야 중 가장 광범위하게 언급되는 영역이다. 언어발달장애는 원인에 따라 지적장애로 인한 언어발달장애, 자폐범주성장애로 인한 언어발달장애, 단순언어장애로 나타난다.

언어발달장애의 언어치료 목표는, 예를 들어 5세 아동의 표현 낱말이 낱말 10개로 제한되어 있다면, 표현 및 수용 어휘를 증가시키는 데 있다. 이와 같은 목표는 언어발달의 전문적인 공식 검사 또는 비공식 검사를 사용하여 문제행동을 진단함으로써 수립된다.

2. 언어습득 모형

언어습득 모형 중 '행동 모형'에 따르면, 언어는 모방과 강화에 의해 학습된다. 행동수정 기법의 형성(shaping)은 모방과 강화에 의해서 아동이 옹알이 수준에서 시작하여 '아빠'라는 낱말을 습득한다고 설명한다. 이와는 달리 '생득론'은 언어의 능력은 타고나는 것으로서 모방과 강화로 언어습득이 이루어지는 것이 아니라 언어습득 장치로 언어가 습득된다고 설명한다. '의미인지 모형'에서는 의미가 구조를 선행하므로 인지가 언어보다 앞서 습득된다고 제시한다. '정보처리 모형'에서는 언어 구조는 전달 기능으로 출현한다고 설명하며, '화용적 상호주의 모형'에서는 의사소통의 필요가 언어 구조보다 선행한다고 제시한다. 이러한 다섯 가지 언어습득 모형 중 언어가 모방과 강화에 의해서 학습된다는 '행동 모형'에 근거하여 언어발달장애 아동의 언어의 문제를 중재하며, 이에 따라 행동수정 기법 원리를 적용한다([그림 10-1] 참조).

앞서 언급하였듯이, '행동 모형'에 따르자면 언어는 모방과 강화에 의해

행동 모형	• 언어는 모방과 강화에 의해 학습된다.
생득론	• 언어의 능력은 타고 난다. • 언어습득 장치
의미 인지 모형	• 의미가 구조를 선행한다. • 인지가 언어에 선행한다.
정보처리 모형	• 언어 구조는 전달 기능으로부터 출현한다.
화용적 상호주의 모형	• 의사소통의 필요가 언어 구조보다 선행한다.

[그림 10-1] 언어습득 모형

서 학습된다. 그런데 행동 모형의 단점은 엄마가 강화를 주지 않아도 아동이 창조적인 발화를 한다는 것이다. Skinner는 자신의 저서『Verbal Behavior』(1957)에서 아동은 무언어, 즉 아무 말도 할 수 없는 상태에서 시작해서 점차 자주 노출되는 사람의 소리를 모방하기 시작한다고 하였다. 사회의 표준 행동과 닮은 어떠한 반응도 강화되며, 이러한 반응이 자주 나타나기 시작하면 사회 표준 행동과 비슷한 반응에 더 강화하게 되고, 점차 우리가 더 원하는 목표 반응을 하게 되는 과정이 생긴다고 제시하였다.

3. 자폐범주성장애의 진단적 특성 및 개요

Ferster(1961)는 자폐범주성장애의 행동 문제가 자극에 대해서 반응을 하지만 후속 강화를 제대로 조건화하는 데 실패하여 정상 발달에 문제가 있다고 하였다.

자폐범주성장애 아동은 대체로 의사소통 습득 가능성이 매우 낮다. 이들의 50%는 기능적인 의사소통 획득에 실패한다고 보고된다. 그리고 언어행동 특성은 즉시적 반향어와 지연적 반향어로 나타난다. 자폐범주성장애 아동은 방금 들은 것을 그대로 반복하는데, 예를 들어 어떠한 과제 수행 시 교사가 '그림을 그려 봐"라고 하면 과제 수행보다는 방금 들은 것을 반복하면서 전체적인 의사소통 양상을 방해한다. 즉시적 반향어는 낯선 과제를 하거나 어려운 장면에서 증가하는 것으로 보고된다. 이 즉시적 반향어는 전체적인 의사소통 측면에서 제거해야 할 문제행동이다. 즉시적 반향어가 대화 상대자가 한 말을 곧바로 따라 하는 것인 반면, 지연적 반향어는 과거 몇 시간 전, 며칠, 몇 달 전에 들었던 단어나 구를 반복하는 현상이다. 지연적 반향어는 대체로 혐오적이거나 두려운 자극에 노출될 때, 상황에 대해 극도로 예민할 때 나타나는 것으로 보고된다.

자폐범주성장애의 대표적인 언어 특성은 대명사의 역전이다. '나'와 '너'의 대명사를 부정확하게 사용하여 "너는 과자를 먹을까요?"라고 하거나, 자기 이름을 넣어 표현한다. 대명사의 역전은 전체적인 반향어와 밀접하게 관련된다.

그리고 자폐범주성장애는 "당신의 눈은 호수와 같습니다."라는 표현의 비유를 이해하지 못하고, 문자 그대로 이해하는 문제를 보인다. 또한 언어를 의사소통의 목적으로 사용하는 것이 아니라 자기 자극 수단으로 사용을 하는 것으로 보고되고 있다. "순이는 먹을 것을 먹어요. 먹어요. 먹어요."와 같은 표현에서 억양이 일반적이지 않은 문제를 보인다.

4. 언어치료 프로그램 실시 절차

• 1단계

① 자연스러운 기초선 환경에서 목표 행동을 찾는다. 목표 행동을 정의했

으면, 기초선은 아동은 몇 번을 할 수 있는가, 어디까지 할 수 있는가에 해당한다. 예를 들어, 무발화 아동에게 발성을 사용하여 의사를 표현하도록 하고자 한다. 이 목표를 진행하기 전, 언어재활사는 /어, 어, 어/와 같은 발성이 하루 중 몇 회 나타나는지, 혹은 요구하기 상황에서 나타나는지의 여부에 관한 기초선을 확인한다.

② 목표 행동을 관찰하여 측정한 구체적인 용어로 정의하여 관찰 가능한 행동 동사로 서술한다.

③ 목표 행동에 따른 치료 계획 방향을 설정한다.

• 2단계

① 언어재활사는 아동의 반응 양상을 정확히 판별한다.

② 판별하기 위해서 선행 자극, 후속 결과를 분석한다. 무발화 아동이 어떤 상황에서 /어, 어, 어/와 같은 발성이 나타나는지, 과제를 끝내고 나서 휴식 시간에 과자를 주기로 했는데 과자를 안 주니까 발성이 나타나는지, 그리고 발성 후에도 원하는 것이 주어지지 않았는지 등의 ABC 행동 연계를 확인한다.

③ 적절한 행동과 자극 기능 습득을 촉진하기 위해서 필요한 변인들을 조작한다. 아동이 선행 자극을 더 필요로 하게 자극을 조작하거나 후속 강화를 더 강력한 것으로 배열한다.

• 3단계

① 프로그램 내용과 관련 없는 치료 환경에서의 자극을 제거한다.

② 실시 체계를 단순화한다.

③ 실시 가능한 단일 과제로 구체화한다.

5. 단계적 발성 강화 프로그램

단계적 발성 강화 프로그램은 아동이 무발화 상태이며 무의미한 소리를 사용하는 경우에 사용한다. 프로그램을 문제행동, 프로그램 목표 및 계획, 적용 절차로 구분하여 살펴보면 다음과 같다.

1) 문제행동

아동이 무발화로 무의미한 발성만 한다.

2) 프로그램 목표 및 계획

'언어재활사가 모델을 제시하면 아동은 /ㅏ/ 발성을 모방할 수 있다.' 조건으로 프로그램 목표는 언어재활사가 모델을 제시하고, 아동이 /ㅏ/ 발성을 90% 모방하는 것이다. 발성 강화 프로그램은 듣기 변별, 즉 모델이 제시되면 아동은 모방해야 할 소리인지 변별하여 발화를 하도록 한다.

3) 적용 절차

• 1단계

프로그램을 실시하기 전 아동은 의미 없는 발화를 하고 있으며, 이에 대해 후속 강화가 없는 상태이다. 즉, 발화는 혼자만의 자극으로만 사용되는 단계일 수 있다. 아동의 발화에 대해 치료사는 강화를 제공한다(〈표 10-1〉 참조). 아동이 좋아하는 장난감이나 사탕 등의 후속 강화인을 형성한다.

〈표 10-1〉 단계적 발성 강화 프로그램 적용 절차

단계	선행 자극	반응	후속 자극
1	없음	아동은 발화한다.	강화
2	언어재활사의 어떤 발성	5초 내 아동은 어떤 소리를 낸다.	강화
3	언어재활사가 /ㅏ/발성하면	아동은 유사하게 모방한다. *기준: 10회 중 8회	강화
4	점차 모방 목록을 확장시킴	동일	강화
5	언어재활사가 사물을 제시하면	아동은 목표 사물을 명명한다.	강화

• 2단계

2단계에서부터 자극에 대해서 반응을 할 수 있도록 진행한다. 언어재활사는 /ㅏ/라는 발성이 아니더라도 어떤 소리를 모델로 제시한다. 이때 어떤 발성은 아동이 1단계에서 무의미하게 사용하는 어떤 소리와 유사한 발성을 사용하는 것이 좋다. 이제 제시된 언어재활사의 모델링에 대해 5초 내 아동이 어떤 소리를 모방하고, 곧바로 후속 강화가 제공된다.

• 3단계

언어재활사는 원하는 목표의 발성을 제시한다. 아동은 이 10회 중 8회 유사하게 모방한다. 아동이 정확하게 /ㅏ/라고 발성하지 않고 유사하게 모방하는 것만으로도 정반응으로 정의하고 후속 강화를 제공한다.

• 4단계

단순하게 /ㅏ/뿐만 아니라 /ㅡ/, /ㅣ/, /ㅗ/, /ㅜ/ 등으로 모방 목록을 계속 확장시킨다. 정반응 기준은 80%로 진행한다.

• 5단계

사물 명명하기 단계로 언어재활사가 사물을 제시하면 아동이 목표 사물을 명명하고 후속 강화를 제공한다.

6. 반향어 개선 프로그램

1) 문제행동

'아동이 의미 없는 반향어를 반복한다.' 문제행동 확인 단계에서 반향어 반복의 기초선을 측정한다. 엄마와의 놀이 상황에서 엄마의 발화에 따라 아동의 즉시적 반향어 혹은 지연적 반향어가 몇 번 나타나는지 계측한다.

2) 프로그램 목표 및 계획

'언어재활사가 그림과 언어 촉구 제시 이후 혹은, 용암 후 아동은 자발어를 산출한다.' 언어 환경 구조화의 촉구 및 용암 기법으로 아동이 반향어가 아닌 의미 있는 단어를 할 수 있도록 촉구하고, 단서를 점차 용암시켜 아동 스스로 자발화를 산출할 수 있도록 한다. 즉, 선행 자극은 '언어재활사가 제시하는 그림과 언어 촉구'이며, 프로그램을 진행하면서 선행 자극은 점차 용암한다.

3) 적용 절차

• 1단계

언어재활사는 자극으로 그림을 제시한다(〈표 10-2〉 참조). 자동차 그림을 제시하며 언어재활사는 "이것은 자동차"라고 말을 한다. 즉시적 반향어를 산출하는 아동이기 때문에 "이것은 자동차"라고 따라 한다. 의미 있는 자극으로 받아들이지 않는 단계이지만 후속 강화를 제공하여서 이 자극이 의미 있

〈표 10-2〉 반향어 개선 프로그램 적용 절차

단계	선행 자극	반응	후속 자극
1	언어재활사가 그림(예:자동차) 제시 "저것은 자동차이다"라고 말한다.	아동은 "저것은 자동차이다" 라고 말한다.	강화
2	언어재활사가 그림을 제시하며 "저것은 ______"라고 말한다.	아동은 "자동차이다"라고 말한다.	강화

는 반응이 되도록 조건화한다.

• 2단계

언어재활사는 그림을 제시하면서 "이것은______"라고 말하면, 아동은 "자동차"라고 말하는 것으로 강화가 제공된다. "이것은"이라고 말하면 아동이 "자동차"라고 말하는 단계로, 1단계에서 후속 강화를 통해 이 반응을 형성했기 때문에 '자동차' 그림만 보고도 자발화인 것처럼 만들어 낸다.

4) 확장 응용

• 3단계

반향어 개선 프로그램을 좀 더 확장 응용하여 '선대답-후질문 기법'을 사용한다. 이 방법은 질문에 대한 대답을 반향어로 연결시켜서 반향어가 의미 있도록 하는 것이다. 언어재활사는 사람이 앉아 있는 그림을 제시하며 "자동차 타요. 이 사람은 무엇을 하지?"라고 질문한다. 반향어를 쓰는 아동이기 때문에 "자동차 타요. 이 사람은 무엇을 하지?"라고 따라 말하면, 후속 강화를 제공한다.

• 4단계

3단계를 연결해서 언어재활사가 "자동차 타요." 라고 하면 "자동차 타요."

라고 모방하여 한 다음, "이 사람은 무엇을 하지?"라는 질문에 "자동차 타요." 라고 자발 발화할 수 있도록 한다.

7. 자발화 생성 및 증가 프로그램

1) 문제행동

아동이 자발화를 할 수 없다.

2) 프로그램 목표 및 계획

치료 대상 아동은 일상생활에서 반향어, 의미 없는 소리, 지적하기, 끌기 등의 방법을 사용하고 있다. 이 프로그램의 목표는 '언어재활사가 강화물과 언어적 모델을 제시하면 아동은 모방할 수 있다.'이다. 아동의 모방을 만들기 위해서 강화물을 잘 이용해야 한다. 강화물의 선호도, 주의집중 시간을 분석한 후 가능한 한 촉구 장면을 일반화 장면에서 곧바로 전이될 수 있도록 한다. 아동이 모방하는 시간, 즉 모델 또는 강화물 제시 이후 요구하는 시간을 점차 늘려 나간다.

3) 적용 절차

시간 지연과 전체적인 강화가 어떻게 진행되는지 구체적인 치료 프로그램을 살펴보자. 이 프로그램을 실시할 때 언어재활사는 아동이 선호하는 강화물 선호도를 먼저 조사한다.

〈표 10-3〉 자발화 생성 및 증가 프로그램 적용 절차

단계	선행 자극	반응	후속 자극
1	언어재활사가 자극물(예: 과자)을 제시하며,"과자 주세요."라고 언어적 모델을 제시한다.	아동은 모방한다.	자극물을 강화로 제공
3회기 이상 정반응 이후 2단계로 이동			
2	언어재활사가 자극물을 제시한 후 2초 후 언어적 모델을 제시한다.	아동은 모방한다.	강화
점차 10초까지 늘림-시간지연 순서에 따라 일반화 정도 점검			

• 1단계

'강화물(=자극물)'을 이용한 모방발화를 확립한다(〈표 10-3〉 참조). 언어재활사는 아동이 선호하는 자극물(과자)을 제시하며 "과자 주세요."라고 언어적 모델을 제시한다. 언어적 모델을 제시하면 아동은 그대로 "과자 주세요."라고 모방한다. 이 단계를 위해 언어재활사는 강화물의 유인력을 강하게 만든다. 예를 들어, 오후 1시에 치료하기로 되어 있다면 오전 중에는 과자를 박탈시켜 아동이 과자를 원하도록 여건을 만들어 놓은 상태에서 실시한다. 3회기 이상 정반응을 한 이후에 2단계로 이동한다.

• 2단계

시간지연 기법을 적용한다. 언어재활사는 자극물 제시와 함께 즉시 말을 하지 않고 2초 후에 "과자 주세요."라고 언어적 모델을 제시한다. 1단계에서는 자극물과 언어적 모델이 동시에 제공된다면, 2단계에서는 자극물과 언어적 모델 간에 시간적 차이를 둔다. 아동이 자극물을 보지 않더라도 자발화를 할 수 있는 단계가 되어야 하기 때문이다. 이 시간 지연을 처음에는 2초를 두고, 점차 10초까지 늘리면서 시간 지연에 따른 일반화 정도를 점검한다.

4) 확장 응용

확장 응용 단계에서는 언어재활사가 행동과 언어적 모델을 제시한다([그림 10-2] 참조). 이전까지는 강화물을 제시해서 일상사물 명명하기와 같은 간단한 자발화가 목표였다면, 확장 응용 단계에서는 '행위'에 해당하는 행동을 보여 주고 언어적 모델을 제시한다. 예를 들어, 언어재활사가 운동장에서 공을 차면서 "공 차."라고 하면 아동은 단순하게 언어만 모방하는 것이 아니라 행동과 언어를 함께 모방하는 것이다. 언어재활사는 이와 같이 사회적 강화를 제공한다.

확장 응용 단계는 단서 장면의 자발화 촉구라고 할 수 있는데, 언어재활사가 단순하게 그림 카드를 보여 주는 것이 아니라 행동과 언어 모델을 함께 제시를 하고 촉구로 사용하고 이에 따른 자발화를 할 수 있도록 한다.

단계	선행 자극	반응	후속 자극
1	언어재활사가 행동과 언어적 모델을 제시한다. 예)운동장에서 공을 차면서 "공 차." 라고 말함	아동은 행동과 언어를 모방한다.	사회적 강화
2	언어재활사는 "앉아 있다."라고 말한다.	아동은 "앉아 있다."라고 말한다.	사회적 강화

[그림 10-2] 자발화 생성 및 증가 프로그램의 확장 응용

8. 의사소통 기능 향상 프로그램

언어는 언어의 형식, 내용, 사용 그리고 읽기, 쓰기와 같은 문해력 영역으로 구분된다. 의사소통 기능 향상 프로그램은 의사소통 기능과 관련하여 '요구하기' '거부하기' 등과 같은 기능을 향상시키는 데 목적을 둔다.

1) 문제행동

손가락 가리키기, 지적하기, 몸짓 등 기초적인 언어 기능이 없다.

2) 프로그램 목표 및 계획

문제행동을 보이는 치료 대상 아동의 목표는 '아동은 자발적으로 자신이 원하는 것을 몸짓과 발성으로 표현한다.'이다. 조건은 '자발적으로'이며, 행동 동사는 '몸짓과 발성으로 표현한다.'이다. 의사소통 기능 향상 프로그램을 진행하기 위해서 언어재활사는 일대일 치료 환경을 구조화할 필요가 있고, 기능적인 의사소통, 즉 정말 필요로 하는 의사소통에 초점을 두어야 한다.

프로그램의 기본적인 내용은 '사물 주고받기 기능에 의한 의사소통 촉구법'으로 자극 강화의 기본 의사소통 기능 향상을 위한 원리에 근거한다.

3) 적용 절차

• 1단계

요구하기 기능을 중재하기 위한 모방 단계이다(〈표 10-4〉 참조). 언어재활사, 아동의 보호자 그리고 아동이 함께 참여해야 한다. 언어재활사가 보호자

〈표 10-4〉 의사소통 기능 향상 프로그램 적용 절차

단계	선행 자극	반응	후속 자극
1	언어재활사가 시범을 보여 준다. 예)컵을 보호자에게 준다.	아동은 모방한다.	음료수 주기
2	언어재활사가 사물의 이름을 말한다. 예) 아동이 가지고 싶어하는 장난감	아동은 모방한다.	사물 주기
부적절한 행동에 대해서는 무시함			

에게 컵을 요구하는 행동을 하면, 보호자는 언어재활사에게 컵을 준다. 이때 언어는 사용하지 않으며, 아동은 언어재활사의 행동을 그대로 모방한다. 의사소통 기능이기 때문에 아동은 자신이 목이 말라서 음료수를 요구하는 것을 보호자에게 표현해야 한다. 아동이 음료수를 마셔야 하는 상황이 구조화되어야 한다. 구조화가 이루어진 상황이어야 단계 적용이 가능하다.

• 2단계

사물을 구어로 명명하는 단계이다. 2단계에서는 아동이 가지고 싶어 하는 장난감을 사물로 사용한다. 언어재활사가 '자동차'라고 하면 아동이 모방을 하고, 자동차는 자극인이자 후속 강화로 작용한다. 단계를 진행하면서 아동의 부적절한 행동에 대해서는 무시하도록 한다.

핵심 퀴즈

Q1. Skinner(1957)의 『Verbal Behabior』을 근거로 하는 언어습득 모형은 무엇인가?

① 생득론
② 행동주의
③ 의미 인지
④ 화용적 상호주의

Q2. 자폐범주성장애 아동의 언어행동 특성이라고 볼 수 없는 것은 무엇인가?

① 경증이라 할지라도 억양 문제가 아주 심각하다.
② 대명사 역전 현상이 빈번히 나타난다.
③ 지연 반향어가 나타난다.
④ 은유법에 대한 이해에 어려움이 있다.

Q1. ② Q2. ①

11장 유창성장애

학습목차

1. 행동원리와 말더듬
2. 조작적 절차
3. 프로그램 만들기
4. 확립 프로그램
5. 전이 프로그램
6. 유지 프로그램

학습목표

1. 말더듬의 원인에 따른 행동수정 기법의 적용을 설명할 수 있다.
2. 조작적 절차에 따라 말더듬을 정의할 수 있다.
3. 행동 분석 요소에 따른 말더듬 치료 프로그램을 구성할 수 있다.
4. 행동수정 기법에 따른 말더듬 치료의 확립 · 전이 · 유지 프로그램을 실시할 수 있다.

1. 행동원리와 말더듬

유창성장애의 종류에는 말더듬과 속화가 있다. 말더듬은 음의 반복과 같은 형태로 인해 말의 흐름이 깨어지는 경우이고, 속화는 말의 흐름이 너무 빨라서 흐름이 깨어지는 경우이다. 다른 언어장애 영역에 비해 특히 유창성장애는 행동수정 기법이 더 정확히 그리고 더 광범위하게 사용된다. 이제, 언어치료에서 주로 다루는 말더듬을 중점적으로 살펴보자.

말더듬 원인의 첫 번째는 생리학적 측면이다. 생리학적 측면에서 말더듬의 원인은 대뇌 메커니즘을 포함한다. 말을 더듬지 않는 일반인과 말더듬을 가진 사람은 언어처리에서 차이가 있다. 말산출의 호흡, 발성 등의 과정에 있어서 조절 또는 협응 기능에 문제가 있을 수 있다. 그래서 생리학적 원인에 근거해서 말더듬 원인을 진단하고자 할 때에는 정상적인 말산출의 해부생리학적 메커니즘을 분명히 알고 있어야 한다.

두 번째 원인은 학습에 의한 것으로, 말을 더듬는 행동 및 태도가 학습되었다고 보는 것이다. 예를 들어, 아동이 "어어어, 엄마"라고 말을 더듬는다. 이 아동의 주변에는 말을 더듬는 사람이 있는데 아이가 재미있어서 따라 하다가 말을 더듬게 되었다. 이처럼 학습에 의한 원인이라고 보는 견지에서는 행동수정 원리에 따라 선행 사건(A)이 있고 말을 더듬는 행동(B)이 있다. 그리고 후속 강화(C)가 주어졌기 때문에 말더듬이라는 언어행동이 학습되었다고 할 수 있다. 기본적으로 자극, 반응, 후속 자극, 즉 ABC 연속 단계이므로 자극과 후속 강화에 따라 말더듬 양상이 달라지므로 때문에 행동기법에 근거해서 말더듬을 중재한다.

세 번째 원인은 심리역동적인 원인으로, 한 개인이 다른 생리학적이거나 학습에 의해서 말을 더듬는 것이 아니라 너무 많이 긴장하고 예민해서 특별한 어떤 상황에 의한 공포와 같은 심리적인 원인 때문에 말더듬이 나타난다고 보는 것이다. 이러한 견지에서는 심리상담과 같은 치료 기법으로 대중 앞에서 크게 말하기와 같은 과정들이 치료 방법으로 적용된다.

행동수정 기법을 말더듬 대상자에게 적용시킬 수 있는 이론적 근거는 말더듬의 원인이 학습에 의해 이루어졌다고 보는 입상이다. 그러므로 말더듬의 언어치료에 있어서 행동수정 기법을 적용하는 것이 논리적 · 이론적으로 타당하다고 할 수 있다. 행동수정 기법의 기본 원리에서는 문제행동, 즉 표적 행동을 정의해야 한다. 그런 다음 문제행동을 수정하기 위해서 바람직한 행동의 증가와 문제행동의 감소를 위해 행동 목표를 정한다. 특히 말더듬에서는 '어떤 언어의 양상을 말더듬이라고 볼 것인가'라는 조작적 정의를 하는 것이 중요하다.

2. 조작적 절차

1) 말을 더듬은 단어의 정의

말을 더듬는 단어의 정의란 문제가 되는 의사소통이 말더듬이라고 정의하는 문제로서 '어떤 단어를 더듬었다'라고 할 수 있는가이다. 예를 들어, "나는 (3초 쉼) 학교에 (3초 쉼) 갔습니다."라는 말을 살펴보자. 이 사람이 3초 정도 쉬었다가 말을 하였다고 대개는 말을 더듬는다고 하지 않는다. 그러나 비정상적인 비유창성이라고 할 수 있는 쉼 정도는 있다. 말의 흐름이 깨어지는 비유창한 종류에는 정상적인 비유창성, 즉 정상이 나타날 수 있는 비유창성 측면과 말더듬 문제라고 보는 비유창성이 있다. 정상적인 비유창성에는 삽입, 수정, 구 반복, 쉼이 있다.

"음~, 음~, 오늘 학교 갔어요."에서 "음~"과 같은 간투사가 들어가는 경우를 삽입이라고 한다. "저는 오늘 학교에 갔습니다. 아니, 집에 갔습니다."라고

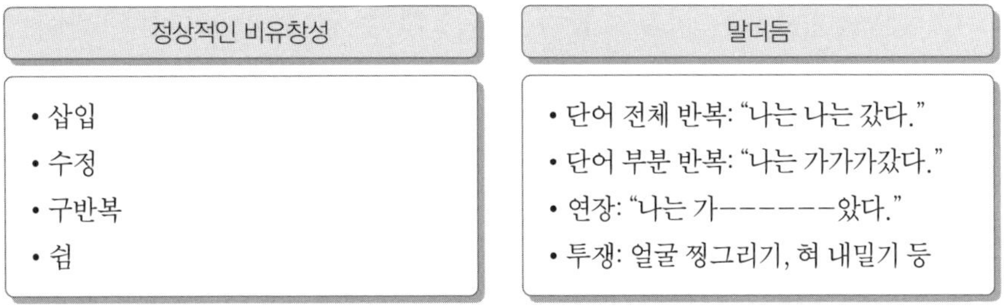

[그림 11-1] 말을 더듬은 단어의 정의

말하는 것은 '학교'를 '집'으로 수정한 정상적인 비유창성 형태이다. "저는 오늘, 저는 오늘 학교에 갔습니다."에서는 '저는 오늘'이라는 구 반복이 있다.

말더듬 문제에 있어서 표적이 되는 문제는 단어 전체 반복, 단어 부분 반복, 연장, 투쟁이다([그림 11-1] 참조). "나는 나는 갔다."에서 '나는' 단어가 '나는, 나는' 으로 반복되어 나타났다는데 이를 단어 전체 반복이라고 한다. "나는 가가가갔다."에서 '가가가갔다' '가가가'를 반복하였는데, 이는 단어 부분 반복이라고 한다. "나는 가----았다"는 연장이라고 한다. 그리고 말을 하기 전에 얼굴을 찡그리거나 말하는 도중에 혀를 내미는 행동들은 투쟁이라고 한다. 이와 같은 수반 행동을 하면 말더듬이 나타나지 않는다.

단어 전체 반복, 단어 부분 반복, 연장, 투쟁 현상이 나타나면 '표적이 되는 문제 말더듬 행동이다.'라고 정의할 수 있다. 이제 행동 기법에서 모든 것을 관찰 가능하고 계측 가능한 것으로 정의한다.

2) 말을 더듬은 단어를 판별하고 헤아리기

말을 더듬은 '단어'는 단어를 단위로 한 번만 계산한다. 단어 부분 반복에서 "나는 가가가갔다."에서 몇 번 더듬은 것인지 확인해 보자. 각 단어는 한 번만 계산하므로 '나는 가가가갔다.'는 세 번이 아니라 한 번 더듬은 것으로 개수한다. '가가가갔다.'라고 말을 더듬던 현상이 언어중재 후에 '가갔다.'라고 표현되었다면 이는 치료 효과가 있다고 할 수 없다. 말을 더듬는 단어는 한 번만 개수를 하기 때문에 '가갔다'고 더듬은 것 역시 1회로 동일하기 때문이다. 그리고 말을 더듬는 단어를 판별하고 헤아리는 방법은 이원적 개수법을 사용한다. 말을 더듬으면 '+'로, 말을 더듬지 않았으면 '–'로 개수한다.

3) 말을 더듬은 단어의 형태 분석

말을 더듬는 단어에 대해서는 형태 분석을 한다. 형태 분석에 따라 말더듬의 심한 정도를 평가를 통해 판별한다. 단어 전체 반복, 단어 부분 반복, 연장, 투쟁으로 구분하고, 단어 전체 반복이 5분 동안의 대화 상황에서 몇 번 나타났는지, 단어 부분 반복은 몇 회, 연장은 몇 회, 투쟁은 몇 회 나타났는지 계산한다. 이와 같이 말을 더듬는 단어의 정의, 계측 그리고 형태 분류 통해 말더듬의 문제 의사소통 행동을 계측할 수 있다.

4) 판단의 신뢰도

2명의 검사자가 말더듬 현상을 관찰하고 계측할 때, 검사자 A는 1분 동안 말을 10번 더듬은 것으로 계측하였으나 검사자 B는 5번 더듬은 것으로 계측하였다면, 검사자 간 신뢰도는 낮은 것이 된다. 이와 같이 말더듬에 있어서는 신뢰도 확인이 필요하다. 말을 더듬는 단어에 대한 일관성 있는 신뢰도가 요구된다. 검사자 간 신뢰도뿐만 아니라, 동일 검사자가 실시한 검사 내에서의 신뢰도 또한 필요하다. 신뢰도는 90% 이상의 일치율이어야 한다.

5) 기타

말더듬에 관한 중요한 항목 중 하나가 시간 재기이다. 말더듬 비율은 분당 말을 더듬은 단어를 계산하는 것으로 SW/M으로 표기한다. 5SW/M은 분당 5개 단어를 더듬은 것이다. 읽기 또는 대화 동안 일반적으로 3분이면 끝날 내용을 말더듬의 경우 증가할 것이라고 예측할 수 있다. 말 속도는 분당 말의 빠르기를 측정한다.

말더듬에 대해 행동기법을 적용하고자 할 때 도식과 데이터 기록이 요구된다. 말더듬장애 평가를 학습하면서 평가지에 기록하는 방법들을 전문적으로 그래프화하고 기록하여 치료 전과 후를 비교한다.

3. 프로그램 만들기

말더듬 언어치료 프로그램을 만들어 보자([그림 11-2] 참조). 행동기법에서 프로그램은 학습자의 최종 목표 행동이 성취될 때까지 연속적인 접근을 통해 학습 경험을 제공하기 위한 일련의 단계라고 정의할 수 있다. 프로그램은 자극(A), 반응(B), 후속 강화(C)로 진행되며, 후속 강화는 학습자의 정반응에 대해서 계속적이며 즉각적인 피드백을 통해 확립되고, 안정화되면 간헐적 강화로 진행한다. 프로그램에는 브랜치(branch)가 있다. 치료 프로그램은 두 단계

<table>
<tr><th>자극</th><th>반응</th><th>스케줄</th><th>기준</th><th>브랜치</th></tr>
<tr><td>지시,
모델/자료</td><td>대상자로부터
바라던 반응</td><td>얼마나 자주
강화를
제공하는가</td><td>정반응률
/말더듬 비율</td><td rowspan="3">실패할 경우
사용할 단계</td></tr>
<tr><td>“천천히
유창하게
말하세요.”</td><td>유창한 단어
1개</td><td>정반응에 대한
100%</td><td>90%</td></tr>
<tr><td>그림</td><td>이야기 만들기</td><td>10%</td><td>5SW/M</td></tr>
</table>

[그림 11-2] 말더듬 언어치료 프로그램 만들기

로 진행된다. 브랜치는 특정 단계에서 다음 단계로 이행하기 전 그 단계를 더 작은 단계로 구분하여 마무리할 수 있도록 하기 위한 세부 단계이다. 또한 브랜치는 목표 단계를 실패할 때 부가적인 훈련을 하는 과정이다.

4. 확립 프로그램

말더듬 치료 프로그램 단계는 확립–전이–유지 프로그램으로 진행된다([그림 11–3]). 확립 프로그램은 전통적인 프로그램, 지연 청각 피드백 프로그램, 벌 프로그램, 그리고 발화 길이와 복잡성에서의 점차적인 증가 프로그램 등의 종류가 있다. 전통적인 프로그램은 취소, 말소, 연장의 말더듬 치료 기법들로 구성된다. 벌 프로그램은 기본적으로 자극–반응–후속 강화를 제공한다. 벌 프로그램은 말을 더듬는 단어의 빈도를 감소시키기 위해 말을 더듬은 단어마다 싫어하는 후속 강화를 제공하는 방법이다. 발화 길이와 복잡성의 점차적인

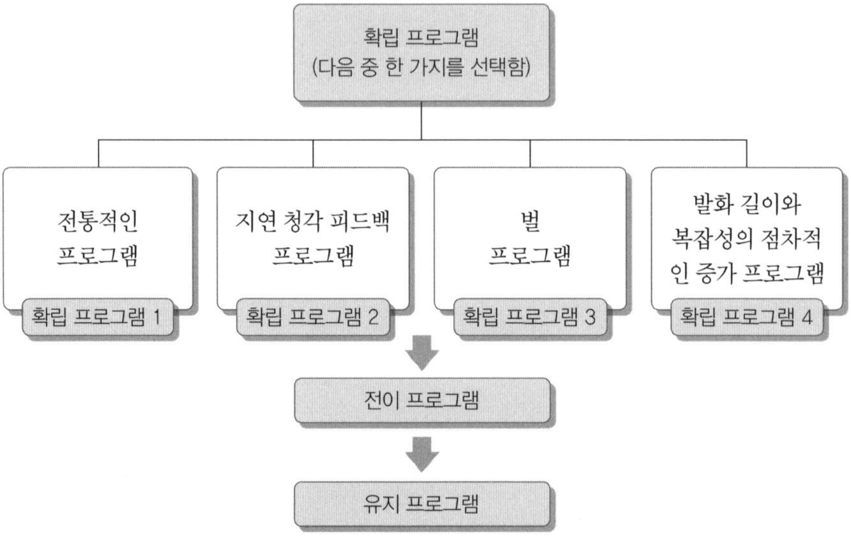

[그림 11–3] 말더듬 언어치료 프로그램의 진행 단계

증가에 관한 프로그램은 유창성을 형성하기 위해 치료 각 단계 내용을 단단어 수준에서 시작하여 정상적인 대화 수준으로 진행하는 것이다.

프로그램의 반응 수준에서 말더듬 확립 프로그램은 읽기, 독백, 대화로 진행된다. 그리고 확립 프로그램 이후 전이 및 유지 단계로 진행된다. 전이 및 유지에서는 대화를 반응 수준으로 사용한다.

유창성 훈련 과정을 개괄적으로 살펴보자([그림 11-4] 참조). 말더듬 의뢰가 오면, 말더듬 인터뷰(Stuttering Interview: SI)를 실시한다. 말더듬 인터뷰는 어떤 상황에서 말을 더듬는지, 대화를 하면서 말더듬이 몇 회 나타나는지 확인하는 검사이다. 말더듬 인터뷰를 했는데 대상자가 3SW/M, 즉 분당 3개 단어 이상 더듬는 것으로 확인되면 치료가 필요하다고 판단한다. 분당 1개의 말을 더듬는 것으로 확인되면 이 대상자는 말더듬으로 보지 않는다.

분당 3개의 말을 더듬는 것으로 나타나면 표준화된 말더듬 검사를 실시한다. 우리나라에서 사용되는 표준화된 말더듬 검사 종류로는 파라다이스 유창성 검사, 말더듬 평가 양식들이 있다. 표준화된 검사를 통해 말더듬이 어느 정도 심한지 평가하며, 대상자에게 어느 유형(단어 전체 반복, 단어 부분 반복, 연장, 투쟁)의 문제가 더 빈번히 나타나는지를 통해 말더듬의 심한 정도를 평

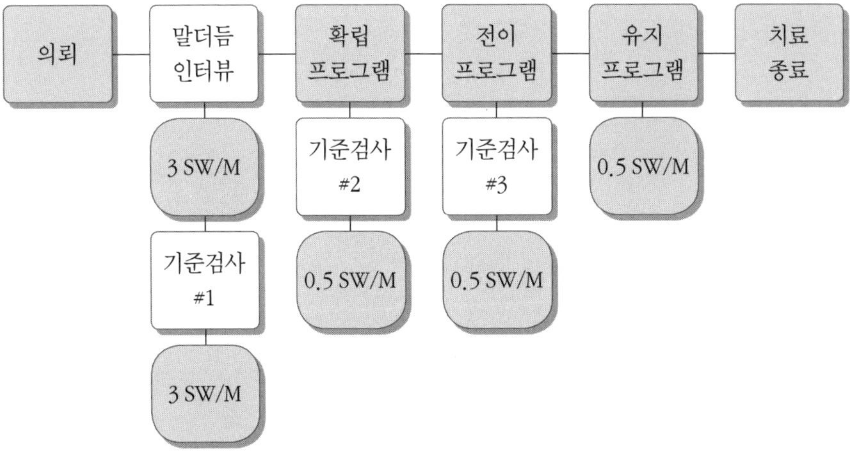

[그림 11-4] 유창성 훈련의 개괄

가한다. 평가를 통해 분당 말을 3회 더듬는 경우 확립 프로그램이 진행되고, 확립 단계에서 분당 0.5개 단어를 더듬으면 전이 및 유지 프로그램을 적용한다. 유지 단계에서 분당 0.5개 정도 단어를 더듬으면 말더듬을 용인할 수 있는 정도로 여기고 치료를 종결한다.

1) 전통적인 프로그램

전통적인 프로그램은 시리즈 A, B, C로 구분하는데, 첫 번째 읽기, 두 번째 독백, 세 번째 대화 수준으로 넘어간다([그림 11-5] 참조). 시리즈 A 읽기의 1~3 단계는 자신의 말더듬을 판별하는 단계, 말을 더듬었으면 그 말을 더듬는 단어를 중단하고 유창하게 하기 단계로 나아가며 마지막 단계에서는 다시 판별을 목적으로 구성된다. 전통적인 프로그램은 치료실 내에서의 유창한 대화가 목표이다. 단, 치료실 내에서 유창한 단어가 목표라는 것은 확립 프로그램 수준으로, 치료실에서 유창한 대화가 확립되고 나면 전이 프로그램으로 치료실 밖에서의 유창한 대화가 목표이다.

확립 단계는 치료실에서 대화 수준의 유창성이 목표이며, 이 목표에 이르기 위해 대화 수준에서 곧바로 시작하는 것이 아니라 하위 단계로 읽기로 시작해서 독백, 대화 순으로 진행된다. 각 수준의 단계는 10단계씩이므로 읽기,

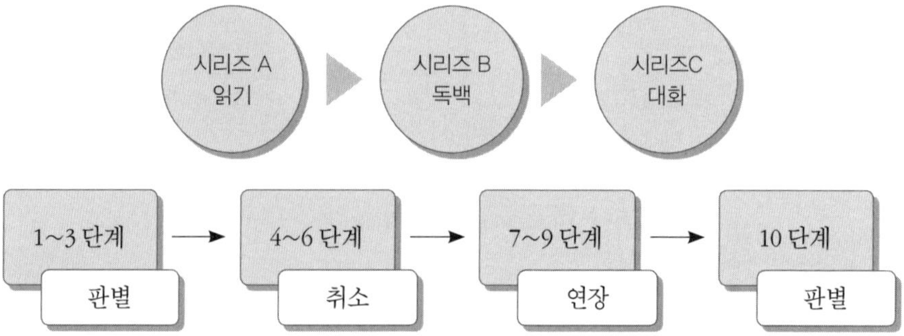

[그림 11-5] 전통적인 프로그램

독백, 대화의 수준, 총 30개 단계로 구성된다. 각 단계에서 3회기 또는 40분 동안 통과하지 못하면 브랜치 프로그램을 실시하는 것으로 전통적인 확립 프로그램이 구성되어 있다.

전통적인 프로그램 내용을 살펴보자. 시리즈 A는 읽기 수준, 시리즈 B는 독백, 시리즈 C는 대화의 반응 수준으로 이루어져 있다.

각각의 확립 단계에서 1~10단계 내용을 살펴보면, 1단계에서는 자극, 반응, 후속 강화로 이루어진다. 언어재활사는 준비해 둔 읽기 자료를 대상자에게 읽도록 지시한 다음, 대상자의 읽기에 대해 말더듬을 판별한다. 대상자에게 "이 자료를 읽어 보세요."라고 하고, "단어를 더듬을 때 제가 더듬었다고 말을 하겠습니다." 라고 하면서 진행하는 것이 치료사의 판별 과정이다. 더듬을 때마다 매번 더듬었다고 바로 후속 강화를 제공한다. 2단계에서는 언어재활사와 치료 대상자가 같이 말을 더듬는 단어에 대해서 판별한다. "이제 읽어 보세요. ○○ 단어를 더듬을 때 저와 함께 손짓을 해 보도록 하겠습니다."와 같은 방법을 사용할 수 있다. "오늘 식당에 가서 ㅅㅅ사과를 먹었습니다."라고 하면 대상자와 언어재활사가 모두 손을 들어서 말을 더듬은 단어를 함께 판별한다. 3단계는 대상자 혼자 판별하는 단계이다. 어떤 단어를 더듬을 때마다 대상자 혼자 손짓으로 더듬은 단어에 대해 판별했다는 것을 제시한다.

4단계에서는 언어재활사가 대상자에게 읽으라고 지시하고 말을 더듬는 단어를 반복하게 한다. 말더듬 치료 프로그램의 취소 기법으로 "ㅅㅅ사과"라고 하면 더듬는 단어를 취소하고 다시 한 번 말한다. 그리고 후속 강화는 할 때마다 매번 100% 제공한다. 5단계는 대상자가 읽고 연장된 방식으로 말을 더듬는 단어를 반복하는 과정인 연장 단계이다. "읽어 보세요. 말을 더듬는 단어를 연장하세요. ㅅㅅ사과 더듬었죠? 그 다음 연장하기를 합니다."라고 언어재활사가 지시하면, 대상자는 "ㅅ~사과"라고 연장하여 더듬은 단어를 유창하게 연장한다. 대상자의 반응 이후 언어재활사는 "잘하셨습니다."와 같은 후속 강화를 제공한다. 6단계는 첫 음을 연장해서 말을 더듬는 단어를 반복하게 한다. "읽고, 첫 음을 연장해서 단어마다 반복하세요."라고 하면 대상자가 "ㅅ~사과, 사과"라고 정반응하면 언어재활사는 강화를 제공한다.

7단계는 첫 음을 연장해서 말더듬는 단어를 중단하게 한다. 치료사는 "읽고 첫 음을 연장해서 말더듬 단어를 중단하세요."라고 지시한다. 이 단계부터는 정반응을 2회 중 1회할 때마다 강화를 제공한다. 8단계와 9단계로 진행됨에 따라 강화 계획을 변경한다. 실제 말더듬 치료에서 기법을 적용하는 과정에서는 대상자의 말더듬 정도에 따라 강화 계획을 조정할 수 있다.

전통적인 프로그램 단계의 마지막 10단계의 읽기 반응 수준에서는 "가능한 한 유창하게 읽어 보세요."라고 대상자에게 지시하고, 10개 문장 중 모두 유창하게 읽으면 강화를 제공한다. 읽기 수준 시리즈 A를 이렇게 마무리하고, 독백 수준과 대화 수준에서도 각각 1~10단계를 반복해서 유창성을 확립한다.

2) 지연 청각 피드백 프로그램

전통적인 프로그램에 이어 지연 청각 피드백 프로그램을 이용한 행동기법의 적용을 알아보자. 지연 청각 피드백 프로그램의 핵심은 대상자의 기본 반응을 연장시키는 것이다. 대상자는 말을 더듬는 단어를 판별하고 지연 피드백 도구인 DAF(Delayed Auditory Feedback)를 사용해서 각 단어를 연장해서 느린 비율로 읽고 말하다가 점차 정상적인 유창성 속도로 말을 한다. 지연 청각 피드백의 1~3단계는 말을 더듬는 단어를 판별하는 것으로 전통적인 프로그램의 판별 단계와 동일하다. 또한 1~10단계는 읽기 수준, 11~20단계는 독백 수준, 21~30단계는 대화 수준으로 진행된다. 1~3단계의 말더듬 판별 이후, 4단계에서 DAF를 250으로 아주 천천히 읽게 되는 수준에서 시작하고, 점차 속도를 정상 속도로 읽게 한다. 9단계는 DAF를 귀에 착용하고 읽지만 정상적인 속도로 지연 청각 피드백을 받지 않는 수준이다. 이 수준이 되면 마지막 10단계에서는 DAF를 쓰지 않고 유창하게 읽는 수준에서 마무리한다. 이후 독백 그리고 대화 수준으로 진행한다.

지연 청각 피드백 프로그램은 DAF로 자극이 주어지고 대상자는 그 반응으로 유창하게 읽기, 독백, 대화를 하며, 대화 수준에서 100% 유창하게 말하는 기준으로 유창성 행동 목표가 기술될 수 있다.

3) 벌 프로그램

벌은 후속 강화를 통해, 즉 벌을 사용해서 행동(B)의 빈도를 감소 또는 소거시키고자 할 때 사용한다. 벌 절차를 사용하는 목적은 말더듬 행동, 말더듬는 비유창성의 빈도를 감소 · 소거하는 데 있다. 벌 프로그램에서는 대상자가 싫어하는 후속 자극을 제공한다. 반응 대가 방법으로 대상자가 좋아하는 어떤 물건 5개를 먼저 주고 말을 더듬을 때마다 하나씩 빼는 방법을 사용할 수 있다.

벌 프로그램의 확립 단계 또한 읽기, 독백, 대화 수준으로 진행한다. 읽기 단계에서 자극으로 "읽어 보세요."라고 지시한다. 반응으로 읽기를 하면, 후속 자극으로 말을 더듬는 단어가 나타날 때마다 "잘못됐습니다."와 같이 후속 자극을 제공한다. 이 후속 자극으로 말더듬 횟수를 감소시키고자 하는 방법이다.

4) 발화의 길이와 복잡성의 점진적인 증가 프로그램

발화의 길이와 복잡성의 점진적인 증가 프로그램은 문장과 같은 읽기에서 반응 수준으로 시작하는 것이 아니라 읽기 수준을 단단어부터 세분화한다.

단단어부터 점차 유창한 대화까지 진행되며, 단단어 수준에서 시작하기 때문에 단어들을 계속 바꾸면서 대상자가 유창한 반응을 할 때마다 후속 강화를 제공한다. 이 프로그램에서는 1단계에서 1개 단어를 유창하게 읽도록 지시한다. 대상자는 1개 단어만 유창하게 읽어도 "잘하셨습니다."와 같은 강화를 받을 수 있다. 2단계에서는 2개 단어로, 그리고 계속 단어 개수를 늘여서 6단계에서는 6개 단어를 유창하게 읽으면 된다. 7단계부터는 문장 수준의 읽기를 목표로 하며, 10단계에서는 4개 문장을 유창하게 읽을 수 있도록 한다. 11~18단계는 읽기 단락을 이용해서 5분 동안의 읽기 동안 유창하면 후속 강화를 통해 발화의 길이와 복잡성의 점진적인 증가를 확보한다. 18단계까지 읽기 단계를 마무리하고, 19단계부터는 독백과 대화 수준으로 반응 수준을 변경해서 30단계까지 진행한다.

5. 전이 프로그램

많은 사람과 다양한 장면에서 구어를 유창하게 하는 것이 전이 프로그램 단계의 목표이다. 전이 단계의 시리즈 A에서는 외부적인 물리적 환경을 다양하게 구성하여 치료실뿐만 아니라 치료실 밖의 외부적 구어 환경을 조정한다. 확립 단계가 언어재활사와 대화를 하는 수준이었다면 전이 단계에서는 언어재활사뿐만 아니라 다른 의사소통 대상자를 점진적 · 체계적으로 증가시켜 다양화하는 단계는 시리즈 B이다. 시리즈 C에서는 말더듬 현상이 많이 나타나는 낯선 사람과 물리적 장면으로 구성한다. 시리즈 D는 말더듬이 많이 나타나는 전화를 하는 상황이다. 실제 전화 장면을 이용한 말더듬 중재를 진행한다. A~D 단계도 다양한 환경을 조성하지만 이는 조작적인 환경이므로 자연적인 환경인 시리즈 E는 환자의 일상 상황에서 유창성이 유지될 수 있도록 하는 훈련이다. 시리즈 E에서는 익숙한 장소와 친구, 친척들을 대상으로 자연적인 환경 장면에서 자연스러운 유창한 구어를 전이할 수 있도록 한다([그림 11-6] 참조).

- 전이 단계의 목표
  –많은 다른 사람과 다양한 장면에서 구어를 유창하게 하기
- 시리즈 A– 물리적 환경
  –언어재활사는 대상자와 함께 대화를 나누면서 여러 곳을 돌아다님
- 시리즈 B– 청중의 수
  –청취자와 대화를 나누는 파트너의 수를 점진적 · 체계적으로 증가시킴.
- 시리즈 C– 낯선 사람들과의 물리적 장면
  –대상자가 일반적으로 피하거나, 직면하게 되는 장면
- 시리즈 D– 전화 통화
  –대상자의 실제적인 흥미에 관한 실제 전화 통화 장면
- 시리즈 E– 자연적인 환경
  –익숙한 장소와 친구, 친척들을 대상으로 자연적인 환경과 접촉. 언어재활사는 이러한 장면에서 대화의 상대 역할이 아닌 관찰자로서의 역할을 함. 유창한 구어에 대해 대상자를 강화하도록 교사, 부모 또는 배우자를 훈련시킴

[그림 11–6] 전이 프로그램

E 단계에서는 단순히 대상자만 노력하는 것이 아니다. 확립 프로그램에서 언어재활사는 치료실 내에서 대상자의 유창성을 형성시키거나 말더듬 빈도를 감소시킨다. 전이 프로그램에서는 말을 하는 대상자는 언어재활사 뿐만 아니라 주변인이 그리고 낯선 사람이 참여해야 한다. 말더듬의 주변인 또는 낯선 사람은 전이 단계에서 유창성이 형성되면 강화를 제공할 수 있어야 하고, 벌을 제공다면 벌의 후속 강화인이 유지될 수 있도록 전이되어야 한다.

유창성이 확립되어 있지만 10% 강화의 변동 강화 비율을 진행하기 위한 조력자의 도움을 줄 수 있어야 한다. 그러므로 조력자를 대상으로 한 교육 프로그램이 요구된다. 유창한 구어에 대해 대상자를 강화하도록 조력자인 교사, 부모 또는 배우자에 대한 훈련이 필요하다. 따라서 언어재활사는 전이 프로그램 단계에 들어가기 전 효과적인 전이 활동을 위해 말더듬의 주변인들을

훈련시킬 수 있도록 준비한다.

전이 프로그램은 시리즈 A, B, C, D, E까지 있다. 시리즈 A에서는 물리적 환경으로 치료실 안이 아닌 치료실 밖에서 말하는 상황을 다양하게 조작한다. 치료실 내에 서 훈련하지만 시리즈 A의 1단계에서는 문을 열어 놓는다. 시리즈 A의 1~6단계까지 진행할 때 치료실 방이 있으면 그 치료실 복도, 치료실 건너편의 다른 사무실, 건물 입구 등 다양한 공간 상황에서 언어재활사와 대상자가 대화하는 반응 수준을 진행한다. 시리즈 A가 말하는 물리적 환경과 관련되어 있다면, 시리즈 B는 청중 수와 관련된다. 1단계는 치료실 내 언어재활사 외에 한 사람이 더 있지만 그 사람은 대화에 참여하지 않고 가만히 듣는다. 2단계에서는 한 사람과 상호작용을 한다. 이후 5명까지 인원을 늘여 대화 수준을 종결한다. 다음 단계에서는 5명으로 이루어진 집단에서 대상자가 어제 있었던 일이나 어떤 사건에 대해 자신의 견해를 밝히는 훈련을 한다. 그리고 10명, 15명으로 집단의 크기를 확장한다.

시리즈 C는 낯선 사람과 물리적 환경이 있는 상황이다. 이때 언어재활사는 옆에 있고 다양한 환경에서 여러 명의 낯선 사람과 대화하는 반응 수준으로 진행한다. 그러므로 시리즈 C의 언어치료 목표는 '대상자는 언어재활사가 옆에 있고 B라는 낯선 사람과 새로운 대화 수준으로 100% 유창하게 말할 수 있다'라고 기술된다. 프로그램이 진행될수록 치료 목표는 언어재활사가 대상자와 멀리 떨어져 있지만 환경은 동일하게 설정을 해놓고 대화 수준으로 유창하게 말하는 것으로 설정할 수 있다. 마지막 단계에서는 언어재활사 없이 여러 환경에서 여러 낯선 사람과 대화하는 수준으로 진행한다.

시리즈 D는 전화를 하는 상황이다. 이 전화 상황은 언어재활사와 전화하는 척하는 단계, 실제로 전화하는 단계, 그리고 언어재활사가 아닌 친구 또는 친척과 실제로 전화하는 단계, 낯선 사람과 실제 전화하는 단계로 진행되며, 반응은 대화 수준이다.

마지막 시리즈 E인 자연스러운 환경은 일상적인 환경에서 언어재활사와 함께 있을 때와 없을 때, 그리고 부모, 형제, 직장 상사, 동료들 등의 각기 다른 환경에서 대화 수준의 유창성이 유지되는 단계이다.

6. 유지 프로그램

유지 프로그램의 최종 치료 목표는 앞으로 계속 많은 사람들과 다양한 장면에서 유창하게 말하기이다. 전이 프로그램의 목표가 다양한 환경에서 낯선 사람들과 유창하게 말하는 것이었다면, 유지 프로그램은 전이에서 이루어진 내용들을 일상생활에서 정상 화자의 의사소통 수준으로 유창성을 유지하는 것이다. 유지 프로그램 단계에서 언어재활사는 한 달에 한 번 전화로 대상자의 유창성이 잘 유지되고 있는지 사후 관리를 하는 단계를 진행할 수 있다.

유창성장애의 행동수정 기법은 말더듬의 원인이 학습에 의해서 생겨났다고 보는 이론에 근거하며, 자극과 반응 수준 그리고 후속 자극에 따라 유창성의 증가를, 그리고 벌 프로그램을 사용해서 말더듬을 감소시킨다. 그리고 반응 수준은 프로그램에 따라 단단어 수준인 읽기부터 구 읽기, 문단 읽기, 독백, 대화 수준 진행되며, 확립 · 전이 · 유지 프로그램 단계로 진행된다.

핵심 퀴즈

Q1. 하나의 단계를 실패할 때 부가적인 훈련을 하는 과정을 무엇이라고 하는가?

① 확립
② 브랜치
③ 유지
④ 전이

Q2. 말더듬 치료 프로그램에서 사용하는 발화의 반응 수준으로 적절하지 않은 것은?

① 읽기
② 음도 조정
③ 대화
④ 독백

Q1. ② Q2. ②

12장 신경언어장애

학습목차

1. 실어증의 정의와 문제행동
2. 행동수정 기법의 적용
3. 실어증의 특성
4. 실어증 치료 시 고려 사항
5. 실어증의 치료법

학습목표

1. 실어증의 검사 결과에 따른 문제행동을 정의한다.
2. 실어증의 특성에 따른 행동수정 기법을 분류한다.
3. 실어증 치료 시 고려할 사항에 따른 행동수정 기법을 적용하여 서술한다.
4. 행동수정 기법에 따른 실어증의 치료법을 실시한다.

1. 실어증의 정의와 문제행동

1) 실어증의 정의

실어증은 언어장애로 상징적 기호, 신호, 소리, 몸짓을 일정한 규칙에 따라 순차적으로 나열하여 자신의 생각이나 감정을 전달하고 이해하는 데 어려움이 있는 것을 말한다. 언어 양식에는 말하기, 듣기, 쓰기, 읽기 영역이 있다. 따라서 실어증 언어행동의 문제는 말하기, 듣기, 쓰기, 읽기 영역에 걸쳐 확인해야 한다. 인지 체계 및 의사소통 기제의 일부 또는 전반에서 이러한 문제가 나타나는 것이 실어증이며, 실어증이라고 정의할 때 반드시 선제 조건이 언어가 정상적으로 습득된 사람이 후천적인 대뇌 손상으로 발생한 경우여야 한다.

2) 실어증 검사

실어증 검사 결과가 어떻게 문제행동을 규정하고 행동수정 기법을 적용시킬 수 있는지 알아보도록 하자. 실어증의 검사 항목과 검사 방법은 〈표 12-1〉과 같다.

전반적인 언어 능력을 볼 수 있는 공식적인 검사 도구에는 대구 실어증 진단검사와 한국판-웨스턴 실어증 검사(Korean version-the Western Aphasis Battery: K-WAB)가 있다. 이 외에 다른 비공식 검사를 실시할 수 있다. 대화 인지력에 대해서는 기본 면담지, 질문 기록지, 녹음/녹화 도구를 사용할 수 있다. 실어증은 말의 유창성, 청각적 이해력, 따라 말하기, 이름대기와 같은 범주에서의 능력이 좋은지 나쁜지를 확인한다. 언어의 유창성을 알아보기 위해 녹음/녹화 도구를 활용하고, 자발화 유도 그림 카드를 사용한다. 그리

〈표 12-1〉 실어증의 검사 항목과 방법

항목		방법
언어평가	전반적인 언어 능력	• 공식 검사: 대구 실어증 진단검사, K-WAB • 비공식 검사
	기본적인 대화 인지력	• 기본 면담지, 질문 기록지, 녹음/녹화 도구
	말 유창성	• 녹음 및 녹화 도구, 반응 기록지, 자발화 유도 그림 카드
	청각적 이해력	• 비공식 검사
	따라말하기	• 비공식 검사
	이름대기	• 공식 검사: K-BNT/ 비공식 검사
동반장애 유무 및 정도		• 비공식 검사
기타 신경학적 질환		• 비공식 검사
신경학적 정보		• 신경학적 평가 결과지(전문가 소견서)

고 실어증에 동반되는 기타 동반 장애의 유무 및 그 정도를 확인하기 위한 공식 · 비공식 검사를 진행한다. 신경학적인 정보나 질환을 확인하기 위한 의료적인 검사와 실어증에 관한 전체적인 검사를 통해 대상자의 문제행동이 정의된다.

2. 행동수정 기법의 적용

각각의 전반적인 언어 능력 그리고 실어증의 대표적인 언어적 특성을 살펴보는 유창성, 청각적 이해력, 따라 말하기, 이름 대기 영역 등에 있어서 실어증 문제의 심한 정도를 공식 및 비공식 진단 검사 결과에 정확하게 규정하여 서술해야 한다. 이처럼 문제행동은 진단을 통해 정의된다. 언어의 문제행동을 정의하고 문제 양상에 대한 기초선을 측정하며 이는, 행동수정의 측정 방법 또는 서술법에 근거한다. 그리고 행동수정 기법의 원리를 적용시켜 치료를 진행한다. 실어증의 행동수정 기법 적용을 ABC 연속 단계로 확인해 보자. 행동(B)에는 선행 사건(A)이 있다. 그리고 행동 이후에는 결과(C)가 있다. 순이가 붉은 딸기를 따서 먹으면 맛이 좋고, 순이가 푸른 딸기를 그것을 따서 먹으면 맛이 아주 없다. 이와 같은 3단계 연속을 통해서 '순이는 붉은 딸기를 따서 먹을 것'이라고 행동의 결과를 예측해 볼 수 있다. 읽기 훈련의 경우, '사과'라는 단어를 보고 /사과/라고 말하면 칭찬을 받고 '사고' 단어를 제시해서 순이가 /사과/라고 읽으면 "틀렸어."라는 후속 자극 절차를 통해 '사과' 단어를 /사과/라고 읽을 수 있고 말할 수 있게 되는 것이 자극 식별 훈련이다.

자극 식별 훈련은 ABC 단계에서 자극이 되는 선행 사건(A)을 매우 강조하고 자극을 만드는 기법들이 있다. 표적 행동과 관련하여 식별 자극을 제시하고 촉구를 한 다음 점차 용암시킨다. 그래서 마지막에는 어떠한 촉구 없이 정확한 행동을 수행할 수 있도록 용암시킨다. 그리고 식별 자극은 행동에 대한 자극 통제를 가지고 와야 한다.

특정 언어 양식의 문제로 '사과'라는 단어를 읽기 위해서 '사과' 단어를 보고 /사과/라고 읽고, 그 행동이 맞다고 후속 강화가 제공됨으로써 식별 자극이 된다. 또 우반구 손상 환자의 경우에는 좌편무시 현상이라고 있어서 어떤 물체를 보든지 좌우를 나누게 된다. 우반구 손상으로 인한 좌편무시 현상이 나타나게 되면 좌편에 있는 글씨가 읽어야 하는 자극으로서 작용하지 못한다. 이 경우 언어재활사는 오른쪽에서 왼쪽으로 표시를 점점 이동해서 읽도록 하는 단어끝 제시 방법 등을 사용해서 우쪽으로 치우쳤던 자극을 왼쪽으로 옮겨 갈 수 있도록 한다.

1) 자극 통제에 대한 촉구

촉구는 바람직한 행동을 형성하게 하는 것이다. 실어증 치료 프로그램에서 촉구를 어떻게 하고, 점차 어떻게 용암을 시켜 나가야 하는지를 계획하는 것은 중요하다. 촉구는 반응 촉구와 자극 촉구로 구분된다. 반응 촉구에는 /사과/라고 발화하면서 언어 촉구를 제시할 수 있고, /ㅅ/ 첫 음소만 제시할 수도 있다. 자세 촉구는 입모양으로 제시하는 경우이다. 모델링 촉구는 언어적 모델링으로 모방해야 할 발화를 그대로 선창하듯 먼저 제시해 주는 방법이다. 신체 촉구는 입모양에 있어서 혀의 위치를 교정해 주는 방법이 있다.

자극 촉구는 자극 내 촉구와 가외 자극 촉구로 구분된다. 자극 내 촉구는 낱말카드가 있으면 '사과'를 각기 다른 색깔로 글자를 써 내는 방법이며, 가외 자극 촉구는 '사과' 단어카드 바깥에 다른 어떤 식별을 할 수 있도록 화살 표시를 하는 방법이다.

2) 선행 통제 절차

선행 통제 절차([그림 12-1] 참조)는 문제행동에 대한 차별 자극이나 단서를 제거하거나 제시하는 방법이다. 그리고 유인력을 조작하기 위해 바람직한 대체 행동을 유지시키는 강화인인 유인력을 만들어 내거나 증가시키는 방법,

차별 자극이나 단서 조작

- 문제행동에 대한 차별 자극이나 단서 제거하기
- 바람직한 대체행동에 대한 차별 자극이나 단서 제시하기

유인력 조작

- 문제행동을 유지시키는 강화인인 유인력을 제거 혹은 감소시키기
- 바람직한 대체행동을 유지시키는 강화인인 유인력을 만들거나 증가시키기

반응 노력 조작

- 문제행동에 대한 반응 노력 증가시키기
- 바람직한 대체행동에 대한 반응 노력 감소시키기

[그림 12-1] 선행 통제 절차

반응 능력을 조작해서 이를 증가/감소시키는 방법들이 있다.

3. 실어증의 특성

실어증은 시각, 촉각 등의 감각 경로를 통해 기호화된 정보를 수용하고 해석하는 문제가 있다. 시각적으로 제시된 글자 '가'를 보고 /가/라고 읽으려면 시각 정보가 해석되어야 한다. 실어증의 시각 문제는 시력이 좋지 않아 '가'를 못 보는 것이 아니다. 감각 경로를 통해 기호화시키는 것, 즉 ABC 연속에서 선행 사건(A)의 자극 촉구와 관련된 부분들을 실어증 특성과 관련해서 정보를 수용하고 기호화하는 데 문제가 있다고 가정할 수 있다. 그러므로 언어치료는 기호화할 수 있도록 중재하는 것이다. 따라서 실어증 치료 프로그램에는 정보를 수용하고 기호화하는 데 선행되는 자극 촉구 방법을 고안한다.

실어증은 의미 전달을 위한 단어 선택 및 메시지 형성과 관련된 정보처리 과정에 문제가 있다. 단어 선택과 메시지 형성, 즉 구를 형성하고 문장을 형성하는 데 문제가 있다. '연필 주세요.'라는 발화에서 '연필'이라는 단어가 생각나지 않는다. 그러면 "종이에 기록할 때 쓰는 거 있잖아."와 같이 말을 시작한다. 단어를 선택할 수 있도록 하는 방법, 즉 선행 사건(A)과 관련된 내용으로 반응 촉구에 대한 자극 촉구로 언어적인 촉구를 할 수 있다. 예를 들어 '연필'이라는 낱말을 산출하게 하기 위해 의미적인 단서로 '글씨를 쓸 때 사용하는 거예요.' 라고 제시하거나, 연필을 쓰는 자세를 취할 수도 있다. 혹은 소리는 내지 않고 입 모양만 '연필'이라고 하면서 제시할 수 있다. 즉, '연필'이라는 목표 단어를 산출하기 위해 선행 사건으로 다양한 입력 양식을 통해 '연필'이라는 목표 단어(B)를 산출하는 방법을 사용한다. 언어재활사는 행동수정 기법의 ABC 단계에서 선행 사건(A)을 어떻게 만들어 내고 조작해 나가는지 면밀하게 살펴보고 이에 대한 기법을 적용한다.

또한 실어증은 말하기, 쓰기 제스처 등의 전반적인 표현 양식을 사용하여 상징적인 정보를 표현하는 데 문제가 있다. 만일 쓰기가 안 되는 경우 베껴 쓰기를 하며, 이 경우에도 자극 내 촉구법을 변화시키는 방법을 적용할 수도 있다. '사과'라는 글자를 쓰는데 점선 따라 쓰기, 칠판에 있는 글자를 책상 위에서 베껴 쓰기, 책상 옆에 단어카드를 두고 단어카드를 보면서 베껴 쓰기 등 여러 단계의 방법을 적용할 수 있다. 또한 글자를 크게 써 놓고 베껴 쓰기를 쓰는 반응(B)이 작게 쓴 글자를 베껴 쓰는 것보다 정반응률을 높여 줄 것이다.

실어증은 스스로 말하기, 따라 말하기, 명령하기 과정에서 동시에 혹은 부분적으로 문제를 나타낸다. 동시에 혹은 부분적으로 문제를 나타내기 때문에 대상자의 양상에 따라 언어 촉구, 자세 촉구, 모델링 촉구, 신체 촉구를 각각의 단계 양상에 맞게 충분히 제공할 수도 있고, 부분적으로 제공할 수도 있다. 그리고 전체적으로 언어 양식의 말하기, 듣기, 쓰기, 읽기 제스처까지 자극 내 촉구를 어떻게 변화시킬지, 가외 자극 촉구를 어떻게 줄지를 계획하는 것이 중요하다.

4. 실어증 치료 시 고려 사항

행동수정 기법에 근거해 실어증에 관한 언어치료를 진행해 나갈 때 어떠한 사항에 주의해야 하고, 어떠한 관련 행동기법을 적용시키는 것이 전체적인 치료에 더 원활함을 제공할 것인지 살펴보자. 실어증 치료 시 다음과 같은 사항들을 고려해야 한다.

- 피로감
- 능력의 다양성
- 회상을 돕기
- 기법의 다양성
- 구어에 대한 반응
- 노래하기

- 문자를 크게 제시하기
- 라벨 이용하기
- 색깔 활용하기
- 자기 교정

실어증 치료 시 고려해야 할 사항 중 첫 번째는 피로감이다. 실어증 환자는 대체로 5~10분 이상 참지 못하므로 주의력 전환이 요구된다. 이때에는 자극 통제 및 프리맥의 원리(Premack Principle)를 사용할 필요가 있다. 프리맥의 원리는 좋아하는 활동과 원하지 않는 싫어하는 활동을 사용하는 방법이다. 대체적으로 실어증 환자는 10분 정도의 시간이 지나면 주의집중이 저하된다. 이때 언어재활사는 대상자가 좋아하는 노래하기 등의 활동을 통해 싫어하는 활동 뒤에 반드시 좋아하는 활동할 수 있는 프로그램을 구성한다. 초기에는 좋아하는 활동 20분과 싫어하는 활동 5분이지만, 점차 싫어하는 활동 10분과 좋아하는 활동 10분, 그리고 좋아하는 활동 5분과 싫어하는 활동 15분 등으로 분배한다.

둘째, 기법의 다양성이다. 자극 통제는 자극에 대해서 반드시 할 수 있도록 식별 자극으로 만들어 내는 방법이다. 실어증에서는 단순하게 자료를 한번만 쓰는 것이 아니라 쓰기, 읽기, 대화 등에서 모든 자료를 전이시킨다. 자극 일반화 및 전이를 고려해서 전체적인 치료가 진행된다.

셋째, 능력의 다양성이다. 실어증 환자들은 능력이 다양해서 수학에서는 아주 정상적인 능력을 보이지만 언어에서는 거의 2세 아동의 언어적인 능력밖에 보이지 않는 등 다른 영역 간에 심한 차이가 있다. 그럴 경우 역시 성취감이 높은 훈련을 사용해서 다른 영역의 높은 단계 과업을 진행할 수 있도록 한다. 성취감이 높은 훈련 이후에는 후속 강화로 아주 잘하고 있다는 것을 환자에게 제시해서 잘하지 못하는 다른 영역에서도 수행을 잘할 수 있도록 한다.

넷째, 구어에 대한 반응이다. 실어증 환자 중에는 초기에 사회적으로 부적절한 욕설과 같은 단어를 빈번히 산출할 수도 있다. 욕설은 사회적인 의사소통 상황에서는 허용되지 않는 언어이다. 그렇지만 만일 실어증 환자의 경우 다른 어휘보다도 욕설 단어가 좀 더 많은 상황에서 다른 언어로 확장해야 하는 목표 단계라면 정반응으로 수용할 수 있다. 그리고 이후 표현할 수 있는 어휘의 확장이 이루어지면 계속 욕설을 하지 않을 것이다. 환자가 청지각적 인지력이 진전됨에 따라 스스로 교정할 수 있을 때까지는 어느 정도의 수용할 수 있는 어휘에 대해서 정반응에 대한 정의를 정하는 것이 좋다. 실어증 치료 동안 행동 동사를 정하고 해당 회기 단계에서 어디까지를 정반응으로 볼 것인가는 중요하다.

다섯째, 회상 돕기이다. 실어증 치료 시 대체로 회상을 도와야 한다. 이는 반응 촉구법의 선행 사건(A)에 해당되는 사항이다. 말하고자 하는 언어의 첫 음절을 제시하거나 의미적 단서를 제시하여 머릿속에 맴돌고 나오지 않는 단어를 산출할 수 있도록 한다.

여섯째, 노래하기 기법은 대뇌의 우반구와 관련된 기능을 사용한 방법이다. 잘 알고 있는 노래를 사용해서 구어 산출을 유도하는 방법은 멜로디 억양법이라고도 한다. 멜로디 억양법도 자극 촉구의 한 종류로서 ABC 단계에서 선행 사건(A)을 노래라는 촉구를 통해 목표 언어행동(B)을 유발한다.

일곱째, 문자를 크게 제시하기이다. 칠판이나 종이 위에 문자를 크게 제시하면 읽기 능력을 자극할 수 있다. 이 방법은 앞서 선행 사건(A), 자극 통제 방법 중에서 자극과 관련된 자극 내 촉구를 변경시키는 관련 행동 기법으로 분류할 수 있다.

여덟째, 라벨 이용하기는 사물, 가구 및 방에 있는 여러 물건에 라벨을 붙이는 방법이다. 가족 내에 실어증 환자가 있다면 냉장고에 '냉장고'라고 글자 라벨을 붙이는 방법을 사용하면 실어증 환자로 하여금 이 글자 라벨을 보고 회상해서 명명하기를 도울 수 있다. 냉장고라는 사물에 '냉장고' 낱말 카드를 붙여서 가외 자극 촉구를 사용하는 것이다.

아홉째, 색깔을 활용하는 방법이다. 낱말 카드나 어떤 그림을 사용할 때 색깔을 활용하는 것이다. 이 방법은 자극 내 촉구다. 실어증 치료에서는 환자의 읽기 그리고 쓰기 등 여러 가지 치료 과정 중 '사과'라는 선행 문자를 보고 /사과/라고 읽는 행동(B)을 만들기 위해서 자극(A)을 조작시키는 방법을 많이 사용한다. 그러므로 실어증 환자를 치료하는 언어재활사는 자극을 어떻게 조작해서 사용하는지 유심하게 관찰해야 한다. 언어재활사가 화살표 지시봉을 사용해서 "읽어 보세요."라며 '사과' 글자를 읽는 데 사용하고 있다. 언어재활사가 화살표 지시봉으로 글자를 처음부터 끝까지 순서대로 가리키면 환자는, "'사과'라고 읽었다."라고 관찰기록이 되어야 한다. 혹은 "언어재활사가 '사'는 빨간색, '과'는 파란색으로 표시된 단어 카드를 제시하자 환자가 '사과'라고 읽었다."라고 구체적인 관찰 서술이 이루어진다. 이와 같이 자극물이 어떻게 제시되는지 관찰 단계의 훈련이 필요하다.

마지막으로 열째, 자기 교정이다. 실어증 치료에서 자기 교정은 중요하다. 자기 교정은 자신의 오류를 인식했다는 표시를 하고 격려를 통해 교정을 돕는다. '사과'라는 낱말 카드를 제시하고 /사과/라고 읽었다면, 언어재활사가 "맞아요."라고 말하기보다는 환자 스스로 자기가 맞았으면 파란색 스티커를 붙이기, 틀렸으면 빨간색 X표 스티커 붙이기 등의 자기 교정 단계를 가지는 것이 좋다.

5. 실어증의 치료법

1) 음소자극법

음소자극법은 목표 언어의 첫 음소만을 제공해 주는 자극 기법이다. 실어증 대상자 앞에 필통을 두고 "이것이 무엇입니까?"라는 질문을 하였는데 대상자가 필통을 보고도 '필통'으로 명명하지 못한다. 이때 음소자극법은 첫 음소만을 제공하는 방법으로 언어재활사는 "/ㅍ/로 시작합니다."라고 말한다.

즉, 필통의 /ㅍ/라는 음소를 제공하므로 '음소자극법'이라고 한다. 음소자극법은 목표 행동(B)을 만들기 위해 선행 사건(A) 자극의 모델 제시법 중 첫 음소를 제공하는 것이다. 음소자극법을 사용할 때 유의할 사항은 추상적인 단어를 사용하지 않는 것이 좋으며, 발화가 짧고 쉬운 단어 그리고 익숙한 단어를 사용하는 것이 좋다. 음소자극법을 제시하기 전에 일반적으로 환자가 "연필을 담아두는 것을 무엇이라고 합니까?"와 같은 의미적 단서에 먼저 반응을 하는지 알아보고, 의미적 단서에 반응하지 못하면 "/ㅍ/로 시작합니다."와 같이 음소적 단서를 제공한다.

예를 들어, '밥'이라는 단어를 명명하기 위해 "하루에 3번 먹죠."라고 말하며 밥을 먹는 제스처를 하면서 "이것이 무엇입니까?"라고 물어보는 의미적 단서를 제공하였는데 '밥'이라고 명명하기가 안 되면, "/ㅂ/로 시작합니다." 혹은 "'바'로 시작해요."라는 음소 자극을 제시할 수 있다. 이와 같은 음소자극법을 사용하여 제시하는 과정에서 언어재활사는 적절한 말속도를 사용하는 것이 중요하다.

2) 문장 완결형 청각 자극법

언어재활사가 다음과 같이 말을 한다. "소금은 짜고 설탕은 _____?" 그러면 대상자는 "달다."라고 답할 것이다. 이 문장 완결형 청각 자극에 있어서 목표 단어는 '달다'이다. 속담이나 익숙한 문장을 사용하되 목표 단어를 문미에 두어 문장을 완성하는 방법이다. 언어적 자극을 제시할 때 처음부터 '달다.'라고 모델링으로 모방산출하게 하는 것이 아니라 문장을 사용해서 문미에 목표 단어를 자발어로 산출하게 하는 방법이다. '소금은 짜고 설탕은 달다.' '하늘은 높고 땅은 낮다.' '바다는 파랗고 숲은 푸르다.'와 같은 문장을 사용할 수 있다.

3) 반대나 비슷한 개념을 이용한 청각 자극

반대나 비슷한 개념을 이용한 청각 자극법은 비슷한 개념보다는 반대 개념이 효과적이다. 이 방법은 문장 완결형 청각 자극과 연계시키면 좋은 효과를 나타낸다. 예를 들어, '천장/바닥' '하늘/땅'과 같은 반대 개념을 사용하는 방법이다.

4) 시각적 자극

시각적 자극은 선행 사건(A)의 단서 유형으로 언어발달장애의 언어치료에서 그림 카드를 많이 사용한다. '자동차' 그림을 보여 주며, "이것은 무엇입니까?"라고 질문을 한다. 실어증 대상의 치료에 있어서도 시각적 자극과 관련해서 자극 내 촉구, 가외 자극 촉구를 사용한다. 시각적 자극은 다양화시키고 위계화해야 하는데, 실어증 환자의 경우 대체로 실물에 대한 정반응이 그림에 대한 정반응보다 높고, 다음으로 글씨에 대한 정반응이 높다. 그러므로 시각적 자극을 사용할 때 실물, 그림, 글씨 순으로 사용한다. 실어증 초기에 심한 정도가 심하다면 실물을 사용하는 것이 정반응을 유도하기에 좋으며, 이후 그림 카드 사용과 같은 시각적 자극의 단서로 위계화가 필요하다. 이는 행동수정 기법의 선행 사건(A)의 자극과 관련된 내용이다. 또한 그림의 경우에도 실물 사진을 사용하거나 그림의 색, 실물 크기의 그림 카드 등을 사용하는 방법이 있다. 사실성이 높은 그림이 효과적이며, 선으로만 그려진 선화는 추상성이 높으므로 정반응률이 높지 않을 수 있다. 그래서 선화, 흑백 사진, 컬러 사진, 실물 순으로 점점 난이도가 쉬운 단계로 정리할 수 있으며, 이는 자극 내 촉구 변화를 이용한 난이도 조절 방법이다.

일반적인 난이도를 이와 같이 배열할 수 있겠지만, 환자에 따라 반대로 제시할 수도 있다. 어떤 환자의 경우 컬러 사진이 오히려 정보처리에 과중을 줄 수 있다. 그래서 이러한 경우에는 오히려 단순하게 선화 그림이 이 환자에게는 자극력이 높은 방법일 수 있다. 선화를 사용할 경우에는 선화를 여러 차례 제시하면서 반복하는 것이 좋다.

5) 촉각적 자극

촉각적 자극은 물체를 눈을 감고 만지게 하고 구어반응 유도를 하는 방법이다.

후각 자극([그림 12-4] 참조)은 냄새를 맡은 다음 원하는 목표 구어 반응을 유도하는 방법이다. 후각을 통해서 단어를 선택하는 방법으로 선행 자극(A)으로 후각을 사용한 것이다.

- 냄새를 맡게 함, 제한성이 큼
- 식초 냄새를 맡고 → 단어 고르기
- 단어카드(후각을 통해 알 수 있는 단어 선택)

식초	커피
시다	쓰다

[그림 12-4] 후각 자극의 예시

6) 중다 감각 자극

지금까지 명명하기에 대해 시각, 청각, 촉각 등의 자극을 사용하였다. 자극 방법 중 중다 감각 자극([그림 12-5] 참조)은 '중다', 즉 반복되는 여러 감각 자극을 사용하는 방법으로, 두 가지 이상 자극을 제공하는 방법이다. '시각+청각' '시각+촉각' '청각+촉각/후각' 등의 여러 방법이 있을 수 있다. 두 가지 이상의 자극을 사용하며, 두 가지 이상의 자극이 동시에 제시할 수도 있고 순차적으로 제시할 수도 있다. '사과' 실물을 보여 주면서 /사과/라는 청각적인 자극을 제시할 수 있다. 그러나 대상자에게 처음 보이지 않는 상자 안에 '사과'

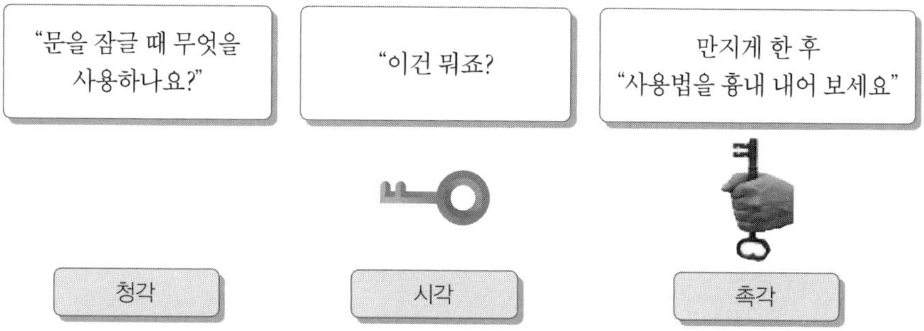

[그림 12-5] 중다 감각 자극의 예시

를 넣어 손으로만 만지게 한 후에 '사과' 실물을 보여 준다면 '촉각+시각'의 중다 감각 자극법을 사용한 것이다. 이렇게 순차적으로 사용하는 방법이 있고, 처음부터 환자에게 '사과'를 만지게 하고 '사과' 낱말카드를 동시에 제시할 수도 있다.

순차적 제시와 동시 제시는 정보 과중 측면에서 다르다. 동시 제시는 중다 감각이기 때문에 대뇌에서 청각 처리 과정과 촉각 처리 과정이 동시에 요구된다. 그러나 순차적 제시는 청각 정보 처리 이후에 시각 정보 처리를 하여 순차적으로 정보처리를 하게 된다. 따라서 중증인 경우에는 순차적 정보 처리가 더 유용하다. 실어증 치료에서 중다 감각을 사용할 때는 동시적 제시를 할지 혹은 순차적으로 제시할지를 계획하는 것은 중요하다.

7) 언어 중심 치료(Language Oriented Treatment: LOT)

LOT는 1986년에 개발된 치료 프로그램으로 실어증 환자의 언어장애가 언어 상실이라는 측면이 아니라 특정 프로세스 양식의 손상으로 언어정보를 처리하지 못한다고 가정한다. 특정 프로세스 양식이기 때문에 LOT 프로그램에서는 청각적인 언어 정보처리, 시각적인 언어 정보처리 등과 같이 언어적인 정보 프로세스 양식을 구분한다. LOT 프로그램은 환자의 손상된 언어치료 양식을 여러 단서를 활용해서 촉진하거나 다른 전략들을 취하게 함으로써 환자의 전반적인 언어치료 능력을 향상시키고자 하는 측면에서 행동수정 기법 원리를 적용하고 있다.

LOT 내용 중 일부를 간단히 살펴보자. 언어 양상 프로세싱 중 '청각을 통한 이해 프로그램'은 언어를 듣고 이해하는 프로그램이다. 소리 인식 영역 첫 단계에서는 말소리가 아닌 일반 자극에 대해서 소리의 유무를 확인한다. 말소리의 인식 단계는 자극 재인에 해당되는 말소리와 실제 사물을 연결하는 것으로, 이 단계까지가 소리 인식의 1, 2, 3단계이다. 행동수정 기법의 소리 자극(A)에 대해 반응(B)으로 이루어진 프로그램이다. 반응(B)을 구체적으로 살펴보면, 언어재활사가 환경음이나 음을 제시하면 환자는 '소리가 나면 손을 들고 소리가 멈추면 손을 내린다.'이다. 이제 언어치료 목표 설정에서 기준선이 필요하다. 그래서 '90% 이상' 혹은 '10회 중 8회 이상'과 같이 수행 정도에 따라 설정한다. 행동수정 기법에 근거한 프로그램이라면 행동 목표는 '자극–반응'으로 정확히 기술되어야 한다. LOT의 두 번째 단계에서 언어재활사가 환경음을 혹은 목소리를 제시하면 말소리가 들릴 때 손을 든다. 1단계에서는 소리에 대해, 2단계에서는 말소리에 대해서만 인식할 수 있도록 한다. 두 번째 단계에서의 행동 목표 예를 들면, '언어재활사가 환경음 또는 말소리를 제시하면 환자는 말소리가 들릴 때 10회 중 8회 이상 손을 든다.'와 같이 서술될 수 있다.

3단계에서는 언어재활사가 소리를 제시하면 환자는 소리에 해당되는 사물을 지적한다. 예를 들어, 방울소리를 내면 방울을 지적해야 한다. 다음 목표에서는 언어재활사가 "이것이 맞습니까?"라고 질문을 하면, 환자는 질문에 대해 '예/아니요.'로 대답한다. 이어서 언어재활사가 그림과 녹음된 말을 제시하면, 환자는 그림의 내용을 말하고 녹음된 말과 같은지 아닌지 말하고 그 말을 모니터링한다. 예를 들어, 엄마가 싱크대 앞에 있고, 아이들이 접시를 깨는 장면이 있다. 언어재활사는 상황을 묘사한 내용을 미리 녹음해 둔다. 그리고 실제 치료에서 환자에게 "이 그림을 설명해 보세요."라고 하고, 환자의 발화를 녹음한다. 이후 환자에게 언어재활사의 설명을 들려주고 환자가 설명한 내용과 비슷한지 혹은 다른지를 질문한다. 환자는 언어재활사의 설명과 자신의 설명을 비교하여 모니터링한다. 행동수정 기법에서 자극(A)으로 그림과 녹음된 말을 제시한 것이며, 반응(B)은 '환자가 그림 내용을 말하고 녹음된 말과 같은지, 아닌지 말한다.'가 된다. 이와 같이 행동수정 기법에 근거해서 LOT 프로그램이 진행된다.

핵심 퀴즈

Q1. '치료사가 소리를 제시하면 소리와 그에 해당하는 사물을 지적한다.'를 실어증의 치료 목표로 수립하였다. 이때 사용한 자극법은 무엇인가?

① 시각 자극
② 청각 자극
③ 촉감 자극
④ 중다 감각 자극

Q2. 실어증 환자에게 A4용지 크기만큼 '손'을 써서 읽게 하였다면 이때 사용한 행동기법은?

① 자극 내 촉구
② 가외 자극 촉구
③ 언어 촉구
④ 자세 촉구

Q1. ② Q2. ①

참고문헌

김수진, 이수향(2009). 언어치료 임상실습 교육모형 개발 및 적용. **언어청각장애연구, 14**(4), 413-428.

김영태(2014). **아동언어장애의 진단 및 치료.** 서울: 학지사.

김영태, 김재옥, 전희숙, 최현주, 김민정, 김태우, 강민경(2014). 델파이 조사를 통한 언어재활사 직무분석 연구. **언어치료연구, 23**(3), 147-161.

박현숙(2009). 언어중재 실습지도를 위한 Boone-Prescott 상호작용 분석체계에 관한 고찰. **특수교육학연구, 44**(3), 219-238.

윤지혜, 김선우, 김정완(2014). 근거기반실습에 대한 언어재활사의 인식 및 실태 조사. **재활복지, 18**(1), 241-261.

한지연(2014). 언어치료 목표 달성에 따른 언어재활사와 치료 대상자 간 상호작용 비교 연구 : 언어치료 임상 감독을 위한 Boone-Prescott 체계를 중심으로. **언어치료연구, 23**(4), 135-145.

American Speech-Language-Hearing Association. (2002). Knowledge and skills for supervisors of speech-language pathology assistants. Retrieved from www.asha.org/policy.

American Speech-Language-Hearing Association. (2004a). Guidelines for the training, use, and supervision of speech-language pathology assistants. Retrieved from www.asha.org/policy.

American Speech-Language-Hearing Association. (2004b). Training, use, and supervision of support personnel in speech-language pathology: Position statement. Retrieved from www.asha.org/policy.

American Speech-Language-Hearing Association. (2008a). Clinical supervision in speech-language pathology[Position statement]. Retrieved from www.asha.org/policy.

American Speech-Language-Hearing Association. (2008b). Clinical supervision in speech-language pathology: Technical report. Retrieved from www.asha.org/policy.

American Speech-Language-Hearing Association. (2008c). Knowledge and skills needed by speech-language pathologists providing clinical supervision. Available from www.asha.org/policy.

Boone, D., & Prescott, T. (1972). Content and sequence analyses of speech and hearing therapy. *Journal of the American Speech-Language-Hearing Association, 14*(2), 58-62.

Camarata, M. (1992). Facilitating self-analysis of videotaped treatment: a generalization effect. In S. Dowling (Ed.), *Proceedings of the 1992 National Conference on Supervision - Total Quality Supervision: Effecting Optimal Performance* (pp.46-52). Council of Supervisors in Speech-Language Pathology and Audiology, Nashville.

Carlin, C. H., Boarman, K., Carlin, E., & Inselmann, K. (2013). The use of e-supervision to support speech-language pathology graduate students during student teaching practica. *International Journal of Telerehablitation, 5*(2), 21-32.

Gurley, J. M. (2000). *Supervisory Feedback in Speech-Language Pathology: Preferences and Practices*. Electronic Theses and Dissertations. Paper 8. http://dc.etsu.edu/etd/8.

Mager, R. F. (1962). *Preparing instructional objectives*. Palo Alto, Ca.: Fearon Publishers.

Mowrer, D. E. (1988). *Methods of Modifying Speech Behaviors*. Illinois: Waveland

Press, Inc.

Roberts, J., & Smith, K. (1982). Supervisor-supervisee role differences and consistency of behavior in supervisory conference. *Journal of Speech and Hearing Research, 25*, 428-434.

Shapiro, D., & Anderson, J. (1988). An analysis of commitments made by student clinicians in speech-language pathology and audiology. *Journal of Speech and Hearing Disorders, 53*, 202-210.

Snyder, T. (1971). Procedures for writing objectives. In F. Connor, H. Rusalem, & J. Baken (Eds.), *Competency-based programming* (pp. 52-56). New York: Teachers College, Columbia University.

찾아보기

저자

한지연 Han Ji Yeon

E-mail: han@dcu.ac.kr

현 대구사이버대학교 언어치료학과 교수
한국언어치료학회 이사
한국재활협회 교육위원
전 한국언어재활사협회 교육위원

대표 저서

노래와 함께하는 조음기관 운동 프로그램(공저, 학지사, 2015)

그림

강주혜 Kang Ju Hea

'첨단인지브레인'과 '발달도움터' 원장으로 언어치료를 하고 있다.

문제행동 언어재활

: 행동수정법에 근거한 언어치료

Modification of Speech-Language Behavior

2019년 3월 25일 1판 1쇄 발행
2021년 2월 25일 1판 3쇄 발행

지은이 • 한 지 연
펴낸이 • 김 진 환
펴낸곳 • (주) 학지사
04031 서울특별시 마포구 양화로 15길 20 마인드월드빌딩 5층
대표전화 • 02) 330-5114 팩스 • 02) 324-2345
등록번호 • 제313-2006-000265호
홈페이지 • http://www.hakjisa.co.kr
페이스북 • https://www.facebook.com/hakjisabook

ISBN 978-89-997-1907-3 93370

정가 14,000원

저자와의 협약으로 인지는 생략합니다.
파본은 구입처에서 교환하여 드립니다.

이 도서의 국립중앙도서관 출판시도서목록(CIP)은 서지정보유통지원시스템 홈페이지(http://seoji.nl.go.kr)와 국가자료공동목록시스템(http://www.nl.go.kr/kolisnet)에서 이용하실 수 있습니다.
(CIP제어번호: CIP2019008085)